Veronika Schmidt

NICARAGUA

REISE HANDBUCH

Nicaragua

© Copyright Conrad Stein Verlag, Kronshagen   1. Auflage, 1997

Dieses ReiseHandbuch wurde konzipiert und redaktionell erstellt vom
Conrad Stein Verlag, Eichkoppelweg 51, 24119 Kronshagen,
☎ 0431/545-8888, FAX 0431/545-8800, ✆ e-mail: SteinVerlag@t-online.de,
💻 internet: http://home.t-online.de/home/SteinVerlag,
für die ReiseHandbuch Stein KG, Kronshagen.

Auslieferung für den Buchhandel: Ⓓ Prolit, Fernwald, und alle Barsortimente,
ⒸⒽ AVA-buch 2000, Affoltern, Ⓐ Freytag & Berndt, Wien

Text   Veronika Schmidt
Redaktionelle Mitarbeit   Helmut Balzersen
Fotos   Veronika Schmidt (vs), Annette Zacharias, Helmut Balzersen (hb),
                                                        Jochen Schneider (js)
Lektorat   Maike Barth
Übersichtskarte   Franny Petersen-Storck
Lithos   Computer Lasersatz Nord, Plön
Druck   Brillant Offset GmbH, Hamburg

Das Titelfoto zeigt eine Ananaspflanze.

Dieses ReiseHandbuch hat 154 Seiten mit 17 farbigen Abbildungen und einer farbigen Übersichtskarte. Es wurde auf chlorfrei gebleichtem Papier gedruckt.

ISBN 3-89392-255-5   002480

Inhalt

Eine farbige Übersichtskarte befindet sich auf den Seiten 150/151.

Symbole

	Achtung, Vorsicht		⌘	Museum
	Aussicht		☽	Öffentlicher Fernsprecher
	Auto, Leihwagen, Taxi			"geöffnet"
	Badestrand		☿	Post
	Bahnverbindung			Reiten; Pferdevermietung
BANK	Bank		✕	Restaurant, Imbiß
	Buchtip, Kartentip			Schiffsverbindung, Fähre
	Bootshafen, -verleih		☞	"siehe unter"
	Busverbindung		☺	Tip
	Café			Unterhaltung
	Einkaufstip			Unterkunft
	Entfernung			
	Fahrradverleih			
FAX	Fax			
	Flugverbindung, Flughafen			
⇧	Höhe ü.d.M.			
🛈	Information			
✝	Kirche			
	Klima, Wetter			

Abkürzungen

AC	Klimaanlage
DZ	Doppelzimmer
EZ	Einzelzimmer
mB	mit Bad
oB	ohne Bad
VP	Vollpension

☺ Aktualisierungen zu diesem ReiseHandbuch und anderen Büchern finden Sie in der Homepage des Conrad Stein Verlags im Internet:

🖥 http://home.t-online.de/home/SteinVerlag

Vorwort

Willkommen im Land der rauchenden Vulkane und riesigen Seen, der unerforschten Savannen und Wälder, der kreischenden Papageien und schillernden Kolibris, der farbenprächtigen Blüten und der langsamen Leguane.

Willkommen im Land der Sonne und der Südfrüchte, der einsamen Traumstrände und der verschlafenen Dörfer, der quietschenden Ochsenkarren und der schlanken Einbäume.

Willkommen im Land der liebenswürdigen Nicaraguaner, die den freundlichen Fremden mit offenen Armen empfangen.

Übertrieben? Keineswegs! "Ist das nicht gefährlich dort?" war die Standardfrage, die mir bei meinen Heimataufenthalten in Deutschland immer wieder gestellt wurde. Diktatur, Revolution, Bürgerkrieg, Arbeitslosigkeit, Armut, verheerende Erdbeben sind die Stichwörter, die man bisher bei uns mit Nicaragua verband.

Auch das stimmte, stimmt zum Teil noch. Und verhinderte bisher, daß der Massentourismus sich dieses landschaftlich so faszinierenden Landes bemächtigte. Seine Ursprünglichkeit blieb ihm erhalten.

Natürlich ist Reisen in Nicaragua immer noch ein Abenteuer. Nicht, daß Sie mehr als in irgendeinem anderen Land der Welt fürchten müssen, überfallen, entführt oder ausgeraubt zu werden. Ich lebe seit mehr als zwei Jahren in Managua, habe das ganze Land allein oder mit einer Freundin ausgiebig bereist und stieß auf eine Freundlichkeit, auf Offenheit, Höflichkeit und Hilfsbereitschaft, wie ich sie selten irgendwo erlebt habe. Selbstverständlich sollte man die Augen offenhalten und sich den Gegebenheiten anpassen. Auch in Berlin käme niemand auf die Idee, ungefährdet blind über die Avus laufen zu können.

Die Abenteuer, die in Nicaragua auf Sie warten, sind Touren in rüttelnden Bussen über holprige Straßen durch überwältigende Landschaften, Fahrten in schwankenden Einbäumen durch Flüsse, deren Uferbewaldung den Himmel verbirgt, Flüge in winzigen Cessnas über die Gipfel des Urwalds. Die Wege zu den Schönheiten dieses Landes sind noch nicht ausgetreten.

Und spätestens, wenn Sie sich abends bei lauer Meeresbrise in der Hängematte wiegen, wenn die Zikaden schrillen und das Kreuz des Südens am Himmel aufsteigt, wird auch Ihnen die Erkenntnis kommen: Dieses Land muß man lieben.

In diesem Sinne wünsche ich Ihnen erlebnisreiche Ferien!

Veronika Schmidt

Danke

Ganz herzlichen Dank an dieser Stelle an meine Reisegefährtin Brigitte Jung und die Wahl-Nicas Nico Dehmand und Walter Schütz, die diesen Seiten ihr Plazet gaben.

Über die Autorin

Veronika Schmidt, M.A., geb. 1948, studierte Romanistik und Publizistik. Nach Abschluß ihres Studiums in Berlin brach sie 1973 zu einer Lateinamerikareise auf, die noch kein Ende fand. Seit 1995 hat sie ihren Wohnsitz in Managua. Sie arbeitet als Schriftstellerin und fachübergreifend (Fauna/Flora, Ethnologie, Anthropologie, Archäologie) als wißbegierige Hobby-Forscherin.

Veröffentlichungen zum Thema Lateinamerika: "Ich bin Paco", Peter Hammer Verlag, "Gespenstergeschichten aus Lateinamerika", Fischer Taschenbuch Verlag, "Spanisch für Honduras" und "Spanisch für Nicaragua", Peter Rump Verlag.

Land und Leute

Nicaragua in Zahlen

- Offizieller Name: República de Nicaragua
- Fläche: 130.668 km² (davon 9.240 km² Binnengewässer)
- Grenzen: Im Norden Honduras, im Süden Costa Rica, im Osten der Atlantik, im Westen der Pazifik
- Einwohner 1995: rund 4,5 Mio.
- Landeshauptstadt: Managua, 819.731 Ew. (1995)
- Die größten Städte: Managua (819.731 Ew.), León (124.117 Ew.), Chinandega (84.281 Ew.), Masaya (80.051 Ew.) sowie Granada (74.693 Ew.)
- Bevölkerungsdichte: 34 Ew./km²
- Jährliche Bevölkerungswachstumsrate (1990 bis 95): 3,2 %
- Altersstruktur: ca. 50 % der Bevölkerung jünger als 15 Jahre
- Durchschnittliche Lebenserwartung: 67 Jahre
- Religion: nach offiziellen Angaben 94 % Katholiken
- Währung: Córdoba (C$)
- Wechselkurs (Juni 1997): C$ 9,40 = US$ 1
- Staatssprache: Spanisch
- Nationalfeiertag: 15. September (Unabhängigkeitstag)
- Zeitunterschied zu Deutschland: - 7 Std (Sommerzeit: - 8 Std)
- Durchschnittstemperatur: 25 °C bis 27 °C
- Analphabetismus 1996: 28 %
- Wichtigste Exportprodukte: Kaffee, Baumwolle, Fleisch, Bananen und Gold
- Landwirtschaftlich genutzte Fläche: ca. 11 %
- Pro-Kopf-Einkommen (1995): US$ 417

Nationale Wahrzeichen

Der weiße Streifen in der Fahne symbolisiert die Reinheit des Landes, jeder der beiden blauen einen der Ozeane, die Nicaraguas Küsten umspülen.

Die fünf Vulkane des nicaraguanischen Wappens stehen für die fünf mittelamerikanischen Staaten Guatemala, El Salvador, Honduras, Nicaragua, Costa Rica. Der Regenbogen symbolisiert den Frieden, die Jakobinermütze die Freiheit.

Nationalvogel ist der buntschillernde *Guardabarranco* (Blauscheitelmotmot), Nationalblume der duftende *Sacuanjoche* (Frangipani).

Die Nationalhymne

Salve a tí, Nicaragua! En tu suelo
ya no ruge la voz del cañón,
ni se tiñe con sangre de hermanos
tu glorioso pendón bicolor.

Brille hermosa la paz en tu cielo,
nada empañe tu gloria inmortal,
que el trabajo es tu digno laurel
y el honor es tu enseña triunfal.

Heil dir, Nicaragua! Auf deinem Boden
dröhnt die Stimme der Kanone nicht mehr,
und dein ruhmreiches, zweifarbiges Banner
färbt nicht mehr das Blut von Brüdern.

Herrlich möge der Frieden an deinem Himmel strahlen,
nichts trübe deinen unsterblichen Ruhm,
denn Arbeit ist dein würdiger Lorbeer
und Ehre dein siegreiches Banner.

Die Nationalhymne (Text und Melodie aus den fünfziger Jahren) wird bei offiziellen Anlässen und bei Sport- und Kulturveranstaltungen gesungen. Dazu steht man auf.

Geschichte

Bisher zeigte kaum jemand Interesse, sich mit Nicaraguas Vor- und Frühgeschichte zu beschäftigen. Den neuen Herren aus Spanien stand der Sinn eher danach, die alten Kulturen und damit traditionelle Organisationsformen so schnell wie möglich auszumerzen und die materiellen Schätze der neuen Kolonien ungehindert außer Landes zu bringen. Die späteren, nationalen Regierungen folgten in der Regel dem schlechten Beispiel der Eroberer.

So ist Nicaragua vom anthropologischen und archäologischen Gesichtspunkt her das am wenigsten erforschte Land des Isthmus, und sein Boden birgt noch Altertümer zuhauf.

Älteste bisher ausgewertete Zeugnisse menschlicher Präsenz sind die **Huellas de Acahualinca** (ca. 6000 Jahre v.Chr.) im Westen Managuas, in Lava geprägte Fußabdrücke von Menschen und Tieren.

Aus Keramikfunden und Sprachelementen schloß man auf die Herkunft der Bewohner. Aus dem Gebiet des heutigen Mexiko kamen Chorotegas, Maribios und Nahuas, die sich wahrscheinlich im 8. bis 10. Jh. in der Pazifikebene niederließen. Aus dem nördlichen Südamerika wanderten die Vorfahren der heutigen Sumus, Miskitos und Ramas ein.

1502	**Christoph Kolumbus** landet am Cabo Gracias de Dios.
1524	Die Spanier gründen **León** und **Granada**. Bei harten Kämpfen gegen die Eroberer, durch Seuchen, Verschleppung als Sklaven und unmenschliche Arbeitsbedingungen wird die eingeborene Bevölkerung drastisch reduziert.
Ab 1570	Das Gebiet der Pazifikküste gehört zum **Generalkapitanat Guatemala**. Die Bewohner der Atlantikküste hingegen widersetzen sich den spanischen Eroberern und verbünden sich mit Engländern, die zunächst als Piraten und Händler in die Gegend kamen. In den folgenden Jahrhunderten überfallen europäische Piraten und Verbände von Engländern und eingeborenen Küstenbewohnern auf dem Weg über den Río San Juan immer wieder spanische Niederlassungen in der Pazifikregion. Die Spanier versuchen, das Einzugsgebiet des Flusses zu sichern, indem sie Festungen errichten.
1687	Unter englischem Protektorat wird der Miskito **Jeremy I** als erster König der Moskitia ausgerufen.
1778	Die Bevölkerung der Atlantikküste wird auf ca. 450 Engländer, 4.500 Sklaven und 10.000 Eingeborene geschätzt.
1788	Der Miskito-Führer **Coville Breton** schließt einen Friedensvertrag mit den Spaniern. Ein Großteil der Engländer verläßt die Küste und läßt sich in Jamaica nieder.
1812	Gründung der Universität von León.
15.9.1821	Zentralamerika erklärt seine Unabhängigkeit von Spanien. Zu dieser Zeit hat der östliche Teil Nicaraguas ungefähr 150.000 Einwohner.
1824	Die Sklaverei wird in Zentralamerika abgeschafft.
1852	**Managua** wird Landeshauptstadt.
1860	Großbritannien verzichtet gegenüber der nicaraguanischen Regierung auf seine Ansprüche auf die Moskitia. Die

	"Reserva Moskitia" wird jedoch erst 1894 definitiv in das nicaraguanische Hoheitsgebiet integriert.
1855/56	Bei innenpolitischen Machtkämpfen rufen die Liberalen aus León US-amerikanische Söldner zur Hilfe gegen die Konservativen aus Granada. **William Walker**, der Anführer der Söldnertruppe, ernennt sich kurz darauf zum Präsidenten.
14.9.1856	**Schlacht von San Jacinto** im Norden Managuas. Nachdem Walker Granada eingenommen hat, bilden die zerstrittenen Parteien eine Allianz und vertreiben ihn 1857 mit Hilfe zentralamerikanischer Truppen.
1867	Geburt des Dichters **Rubén Darío**, Begründer des Modernismus in der Dichtkunst, in Metapa, heute Ciudad Darío.
1895	Geburt des Nationalhelden **Augusto César Sandino** in Niquinohomo.
Um 1900	Intensivierung des Kaffeeanbaus in Nicaragua, Zuzug deutscher Farmer in die Bergregion um Matagalpa.
1912	US-amerikanische Truppen, diesmal von den Konservativen aus Granada gegen die Liberalen aus León zur Hilfe gerufen, landen in der Hafenstadt Corinto. Die Liberalen werden geschlagen, das Zeitalter der ständigen US-amerikanischen Interventionen in Nicaragua beginnt.
1926	Der liberale General Moncada führt den Kampf gegen die Konservativen an. Mit ihm kämpft Sandino mit seiner Gruppe bewaffneter Bauern.
1928-1933	Nachdem Liberale, Konservative und die USA die Macht über das Land unter sich aufgeteilt haben, kämpft Sandino mit 15.000 Bauern und Arbeitern weiter gegen den Einfluß der USA auf die nationale Politik. Die USA bauen die Spezialtruppe *Guardia Nacional (GN)* als Statthalter auf.
1931	Ein Erdbeben zerstört Managua.
1933	Die US-Mariner verlassen Nicaragua. Chef der Nationalgarde wird der **General Anastasio Somoza García**.
1934	Sandino wird nach einer Audienz beim Präsidenten Sacasa von der Nationalgarde in Somozas Auftrag heimtückisch ermordet.
1937	Beginn der Somoza-Diktatur mit Anastasio Somoza García als Präsident.
Ab 1950	Baumwolle wird wichtigstes Exportgut.
1956	Anastasio Somoza García wird von einem jungen Dichter erschossen. Seine Söhne übernehmen bis 1979 die Herrschaft

1961	Gründung der **FSLN** *(Frente Sandinista de Liberación Nacional)*. Beginn des **Guerillakriegs** gegen die Somoza-Diktatur.
23.12.1972	Ein verheerendes Erdbeben zerstört die Innenstadt von Managua. Nur drei große Gebäude bleiben stehen. Der Somoza-Clan bereichert sich an den internationalen Spendengeldern, das Zentrum wird nicht wieder aufgebaut.
1978	Der Journalist **Pedro Joaquín Chamorro**, Herausgeber der Tageszeitung *La Prensa* und Sprecher der bürgerlichen Opposition, wird von gedungenen Mördern auf, wie man annimmt, Somozas Geheiß umgebracht. Die Hintergründe des Mordes sind bis heute allerdings nicht geklärt. Die folgenden Massendemonstrationen werden von der Nationalgarde brutal unterdrückt. Im August ruft die FSLN zum Nationalstreik auf. Ein Kommando besetzt den Nationalpalast und erzwingt die Verlesung der Ziele des Kampfes in allen Radiostationen. Die bisher gespaltene Opposition gegen Somoza schließt sich zusammen.
1979	Im Mai beginnt die Schlußoffensive der FSLN, im Juni der Generalstreik. Im Juni bilden Vertreter der Opposition eine neue Regierung. Anastasio Somoza Debayle wird von den USA nicht mehr gestützt und verläßt das Land am 17. Juli 1979. Damit endet die Periode einer 42jährigen Diktatur. Am 19. Juli (seitdem Nationalfeiertag) übernimmt der Regierungsrat des Nationalen Wiederaufbaus die Macht. Darin vertreten sind Mitglieder der gesamten Opposition gegen die Diktatur. Die sandinistische Revolution führt zu Veränderungen in allen sozialen Bereichen. Es folgt die Verstaatlichung des Besitzes des Somoza-Clans, der Banken und Goldminen und die Landverteilung an die Bauern.
1980	Die bürgerliche Opposition sieht ihren Einfluß schwinden und formiert sich gegen den von der FSLN dominierten Staatsrat. Die *Prensa* wird unter **Violeta Chamorro**, der Witwe des ermordeten Journalisten, zum antisandinistischen Oppositionsblatt. Die sandinistische Regierung beginnt unter der Leitung von Kultusminister Ernesto Cardenal mit der großen **Alphabetisierungskampagne** im Land.
1981	Die USA streichen die Wirtschaftshilfe für Nicaragua und unterstützen die *Contra*, ehemalige Nationalgardisten, die

	von Honduras und Costa Rica aus die sandinistische Regierung bekämpfen.
1983	Einführung der allgemeinen zweijährigen Wehrpflicht.
1984	**Daniel Ortega** wird erster gewählter Präsident Nicaraguas. Die USA verminen die Häfen des Landes. (1986 sprach der Internationale Gerichtshof in Den Haag die USA des Verbrechens gegen Nicaragua schuldig und verurteilte sie zu einer Zahlung in Milliardenhöhe). Die Contra-Überfälle mehren sich.
1985	Die USA verhängen eine Wirtschaftsblockade.
1987	**Abkommen von Esquipulas II**: Die zentralamerikanischen Staaten verpflichten sich, die Unterstützung von Rebellen gegen nationale Regierungen einzustellen und deren Operationen von ihren Territorien aus zu untersagen. Mit diesem Beschluß deutet sich der Beginn einer eigenständigeren Politik der zentralamerikanischen Staaten an.

Bis 1989 sterben ca. 50.000 Menschen im Bürgerkrieg. Nicaragua erleidet schwere wirtschaftliche Verluste durch Krieg und Wirtschaftsblockade. Hilfe aus Kuba, der UDSSR, DDR und anderen Ostblockländern kann die Verluste nicht wettmachen. Der Lebensstandard der Bevölkerung sinkt und die Auslandsschulden steigen enorm (1990 auf US$ 10 Mrd). Im Gegensatz zu den Nachbarländern verzeichnet Nicaragua jedoch große Fortschritte im Bildungs- und Gesundheitswesen, bei der Landverteilung und der Organisation der Bevölkerung in Gewerkschaften und Genossenschaften.

Am 25.2.1990 gewinnt **Violeta Barrios de Chamorro** als Kandidatin der bürgerlichen Oppositonsparteien (UNO) überraschend die Wahlen gegen die FSLN unter Daniel Ortega. Laut Aussagen der Bevölkerung waren die Frauen es müde, Männer und Söhne im Krieg gegen die Contra zu verlieren, und wählten die Frau, die die Abschaffung der Wehrpflicht versprochen - und dies auch eingehalten - hat.

Die Amerikaner nehmen ihre Wirtschaftshilfe wieder auf, die deutsche Bundesregierung stellt der Regierung Chamorro DM 100 Mio als Entwicklungshilfe zur Verfügung.

Der Prozeß der sozialen Umstrukturierung wird gestoppt, die Verstaatlichungen im Wirtschaftsbereich rückgängig gemacht. 1991 öffnen die ersten Privatbanken. In den folgenden Jahren steigt die Rate des so gut wie ausgerotteten Analphabetismus auf 28% (1996). Die neoliberale, von der Weltbank diktierte Wirtschaftspolitik führt zur Bildung großer

Vermögen bei einigen Privilegierten, während die Masse der Bevölkerung immer stärker verarmt.

Im Laufe des Jahres 1990 erfolgt die erste große Demobilisierung und Entwaffnung der Contra-Truppen. Der Prozeß der Befriedung ist jedoch bis zum Jahre 1997 noch nicht vollendet. Im schwer kontrollierbaren Norden Nicaraguas kommt es trotz zahlreicher Amnestieangebote der Regierung für die Ex-Soldaten immer wieder zu Raubüberfällen von wiederbewaffneten Veteranen beider Heere auf die bäuerliche Bevölkerung.

Auch die Frage der **Eigentumsrechte** konnte während der Regierung Chamorro nicht gelöst werden. Während das von den Sandinisten an die Kleinbauern verteilte Land weitgehend in deren Besitz bleiben soll, versucht die Regierung Alemán, die sandinistische Führung zur Rückgabe von Immobilien zu bewegen, die sich FSLN-Funktionäre während ihrer Regierungszeit angeeignet haben. Die Aktion wird, in Anspielung auf ein dem Topfschlagen ähnliches zentralamerikanisches Kinderspiel, *Piñata* genannt. Die USA ihrerseits drängen auf Rückgabe des Landbesitzes an "ihre" Bürger, Somoza-Anhänger, die während der Sandinistenzeit in die USA flüchteten und die US-amerikanische Staatsbürgerschaft annahmen.

Seit Kriegsende zeichnet sich jedoch deutlich eine friedliche Entwicklung in dem von Krisen geschüttelten Land ab. Statt mit Waffen zu rasseln, suchen die politischen Gegner die Diskussion. Willküraktakten der gewählten Regierung wird mittels Kontrolle durch Parlament und Medien vorgebeugt.

Geographie

Mit einer Fläche von 130.668 km² (davon 9.240 km² Binnengewässer) ist Nicaragua das **größte Land Mittelamerikas**, ungefähr so groß wie Österreich und die Schweiz zusammen. Bus- bzw. Schiffs- oder Flugverbindung gibt es zu allen größeren Orten, so daß man das Land gut - wenn auch nicht immer komfortabel - bereisen kann.

Es liegt in der Mitte der zentralamerikanischen Landbrücke, die Nord- und Südamerika verbindet und Atlantik und Pazifik trennt. Zum Baden bieten sich beide Ozeane an, zum Schnorcheln und Tauchen verlockt eher das türkise Wasser des Atlantik.

Über 500 km lang ist die Ostküste mit ihren weißen Stränden. Die 325 km lange Westküste mit teilweise von vulkanischer Erde durchsetzten dunkleren Stränden umspült der Pazifik.

Im Norden zieht sich Nicaraguas 530 km lange Grenze zu Honduras vom **Golfo de Fonseca** zum **Cabo Gracias a Dios**, dem abgeschiedenen Siedlungsgebiet der Miskito-Indianer. Die 313 km lange Grenzlinie zum südlichen Nachbarn Costa Rica verläuft von der **Bahía de Salinas** im Westen streckenweise entlang des Río San Juan bis nach **Punta Castilla**.

Gegenüber Kolumbien erhebt Nicaragua Anspruch auf die beiden karibischen Inseln **San Andrés** und **Providencia**, die nur ca. 200 km von der nicaraguanischen, aber 600 km von der kolumbianischen Küste entfernt liegen.

Drei **geographische Regionen**, die sich auch klimatisch und in ihrer Vegetation unterscheiden, prägen das abwechslungsreiche Landschaftsbild: die Pazifikregion, die zentrale Region und die karibische oder Atlantikregion.

Die Pazifikregion

Die Pazifikregion umfaßt nur 15% des nicaraguanischen Territoriums, ist jedoch das am dichtesten besiedelte (154 Ew./km²) und wirtschaftlich am intensivsten genutzte Gebiet. In den fruchtbaren Ebenen mit den größten Städten Nicaraguas konzentrieren sich die wenigen Industriebetriebe des Landes und zwei Drittel der Bevölkerung.

Zahlreiche **Flüsse**, die während der Trockenzeit teilweise versiegen, während der Regenzeit aber ganze Ortschaften von der Außenwelt abschneiden können, münden in den Pazifik.

Auch die beiden größten **Seen** des Landes liegen in dieser wasserreichen Region: der **Lago Nicaragua** oder **Cocibolca**, mit 8.264 km² der größte Binnensee Mittelamerikas, und der **Lago Managua** oder **Xolotlán** (1.025 km²), an dessen südlichem Ufer die Hauptstadt Managua liegt. Beide Seen sind durch den **Río Tipitapa** miteinander verbunden. Bei hohem Wasserstand fließt das Wasser des Xolotlán in den Cocibolca, der wiederum durch den **Río San Juan** mit dem Atlantik verbunden ist.

Eine Reihe majestätischer, zum Teil noch sehr aktiver **Vulkane** zieht sich von Nordwesten nach Südosten parallel zur Pazifikküste durch die Ebene. Seit Urzeiten treiben ihre mehr oder weniger heftigen Ausbrüche die Bewohner in ihrem Bannkreis in die Flucht. Mangels anderer Möglichkeiten kehren die Bauern immer wieder zu ihren angestammten Ländereien zurück, zumal die Asche die Böden düngt.

Für Reisende ist die Pazifikregion gut erschlossen, die faszinierende Landschaft ist gut zugänglich, in größeren Städten gibt es Unterkunftsmöglichkeiten für jeden Geldbeutel.

Die zentrale Region

Die zentrale Region ist ein überwiegend bergiges Gebiet. Im Norden erreichen die Gipfel der **Cordilleras** von Dilpito und Jalapa bis 2100 m Höhe, nach Osten fallen die Berge zur karibischen Ebene hin ab.

In den Gebirgsketten entspringen die größten Flüsse Nicaraguas, wie der **Río Coco** (oder **Río Segovia**) als Grenzfluß zu Honduras, der **Prinzapolka** und der **Grande de Matagalpa**, die ihre Wasser in malerischen Mäandern, wilden Wasserfällen oder breiten Betten bis zum Atlantik führen.

Aufgrund ihrer problematischen Topographie ist die Region teilweise noch schwer zugänglich. Die Siedlungen liegen weit voneinander entfernt, die wenigen Straßen sind schlecht und teilweise nur in der Trockenzeit befahrbar. In der Landwirtschaft werden altertümliche Holzgeräte und geduldige Ochsen eingesetzt; Traktoren sieht man selten. An den Berghängen gedeihen bei gemäßigten Temperaturen Kaffeesträucher. Die Ebenen im Süden, früher waldbestanden, dienen heute unzähligen Rindern als Weiden.

Die Region umfaßt knapp die Hälfte (39%) des Staatsgebietes, ist mit 31 Ew./km² nur spärlich besiedelt und besonders reizvoll für Reisende, die das Land in seiner Ursprünglichkeit erleben wollen.

Die Atlantikregion

Nur ein Bruchteil der nicaraguanischen Bevölkerung (5%) verteilt sich in der größten Region des Landes (46% des gesamten Territoriums). Mit nur 4 Ew./km² ist die östliche Region der am dünnsten besiedelte und am wenigsten erschlossene Landesteil.

In diesem Gebiet mit enormen Niederschlägen (bis zu 5000 mm im Jahr) liegen ausgedehnte **Savannen, Sumpfgebiete, Pinienwälder** sowie **Regenwälder**.

Außer ein paar Hügeln, dem **Lomas de Maniwatla** (220 m) im Westen von Puerto Cabezas und dem **Cerro Waswashán** (550 m) im Norden der Stadt Rama, gibt es keine nennenswerten Erhebungen.

Eine einzige, asphaltierte Straße hört, von Managua kommend, ca. 80 km vor der Küste in Rama auf. Der Transport von Menschen und Waren wird über Kleinflugzeuge oder durch Boote abgewickelt, die in oft tagelangen Flußreisen die Entfernung zum nächsten Handels- oder Verwaltungszentrum überwinden müssen.

Für landwirtschaftliche Nutzung sind die sandigen Böden ungeeignet. Zudem erschwert die hier praktisch das ganze Jahr über andauernde Regenzeit den Anbau von Obst und Gemüse. Der Reichtum der Gegend liegt in ihren Holz-, Metall- und Fischressourcen. Die fast **unberührte Wildnis** bietet sich für unvergeßliche Abenteuerreisen an.

Die malerischen Mündungsdeltas der großen Flüsse bilden an der Küste große Lagunen, deren Ufer teilweise mit Mangrovenwäldern bestanden sind.

Aus Korallenriffen gebildete Inselchen unweit der Küste, wie die **Cayos Miskitos** und die **Cayos de Perlas** sind verträumte, karibische Bilderbuchinseln, die zu erforschen wegen der abenteuerlichen Anreise bisher kaum ein Fremder gewagt hat. Nur **Corn Island** bietet Transport und Unterkunft für ein paar Touristen.

Klima

Im April und im August steht die Sonne über Nicaragua im Zenit. Das heißt, das Thermometer klettert erbarmungslos auch im Schatten auf über 35 °C. Die Nächte sind nicht viel kühler.

Dezember und Januar sind die "kühlsten" Monate. Die Temperaturen sinken nachts bis unter 20 °C, starke Winde blasen aus nördlichen Richtungen, die Einheimischen klagen über die "bittere Kälte". Für Menschen aus nördlichen Breiten ist diese Zeit zweifelsohne die angenehmste Reisezeit.

Frühling und Herbst gibt es in Nicaragua nicht. Man kennt nur zwei Jahreszeiten: Die **Regenzeit** (Winter genannt) beginnt im Mai mit kurzen, heftigen Güssen und endet im Oktober/November, wenn die Regenfälle manchmal tagelang dauern. Die Ostküste wird von September bis November alle paar Jahre von schweren Wirbelstürmen heimgesucht, die Dächer abdecken und Wälder verwüsten.

Die **Trockenzeit** (Sommer) dauert ungefähr von Dezember bis Mai. Ab Februar vergilbt das bodennahe Grün. Die sonst so üppige Landschaft wirkt verdorrt. Nordostwinde blasen heftig und andauernd im März und senken die durch die Meeresnähe sonst sehr hohe Luftfeuchtigkeit.

Nach Niederschlagsmengen und Durchschnittstemperaturen läßt sich Nicaragua in **drei Klimazonen** einteilen:

1. Die **tropische Trockenzone** mit den Ebenen am Pazifik und den Landstrichen um die Seen sowie niedriggelegenen Gebieten der zentralen Region. Heiß, Durchschnittstemperaturen 25 °C bis 30 °C, jährliche Niederschlagsmenge 700 mm bis 1500 mm, Dauer der Regenzeit: 6 Monate.

2. Die **subtropische Übergangszone** mit den nördlichen und zentralen Höhenzügen und Vulkanen ab 500 m Höhe im Pazifikgebiet. Frühlingshafte Durchschnittstemperaturen von 22 °C bis 25 °C, jährliche Niederschlagsmenge 1500 mm bis 2500 mm, Dauer der Regenzeit 7 bis 8 Monate.

3. Die schwüle **tropische Zone** mit der atlantischen Küste und dem Einzugsgebiet des Río San Juan. Durchschnittstemperaturen über 30 °C, jährliche Niederschlagsmenge 2500 mm bis 5000 mm, Regenzeit 9 bis 10 Monate. Trockenzeit: März, April.

Fauna und Flora

Obwohl Ackerbau, Viehzucht und Holzwirtschaft den Urwald Tag für Tag weiter zurückdrängen, erfreut sich Nicaragua noch einer üppigen Flora und Fauna. Die Städte sind voller Grün und prächtig blühender Bäume. Auf Ziegeldächern und Stromleitungen wuchern Epiphyten, in Gärten und Feldern am Stadtrand tummeln sich u.a. **Schlangen, Gürteltiere, Leguane, Papageien, Spechte, Webervögel und Kolibris**. Überall am Himmel kreisen **Rabengeier**.

Gezählt hat sie noch niemand, doch schätzt man, daß trotz zerstörerischer menschlicher Eingriffe wie Waldrodung, Tierexport und schonungsloser Jagd in Nicaragua noch 150 Säugetierarten leben, 750 Vogelarten, 300 verschiedene Amphibien und Reptilien und mehr als 200 Arten Süß- und Salzwasserfische.

An den zahlreichen großen und kleinen Seen, Lagunen und Sumpfgebieten Nicaraguas leben verschiedene **Schildkrötenarten** und ungezählte **Wasservögel**: Kormorane in großen Kolonien, Reiher und Eisvögel. Über den unendlichen Stränden kreisen Fregattvögel und Möwen, während plump wirkende Pelikane haarscharf an den Wellenkämmen entlang segeln.

Die artenreichsten Regionen sind die schwer zugänglichen Urwaldgebiete in der Atlantikregion. Wo der Mensch noch im Einklang mit der Natur lebt, gibt es **Jaguare, Wildschweine, Tapire, Stinktiere, Faultiere, Affen, Rotwild** und ungezählte kleinere Raub- und Nagetiere.

Doch auch nahe der Siedlungen sieht man in den tropischen Trockenwäldern, deren Bäume im Sommer die Blätter abwerfen, mit ein bißchen Glück Gruppen von **Brüllaffen** im Geäst turnen. Brüllen Sie zurück, wenn Sie angebrüllt werden, das mögen die Affen!

Umweltschutz und Tropenwald

Noch gibt es in Nicaragua über 4 Mio Hektar Wald. Etwa ein Drittel des Staatsgebietes ist mit tropischem Regenwald, tropischem Trockenwald und Pinienwald bedeckt.

Ende März und im April ist der Himmel über Nicaragua oft grau: Etwa 1500 Waldbränden fallen jährlich ungefähr 100.000 ha Wald zum Opfer. Auch Weiden werden systematisch abgebrannt, um den Boden zu düngen.

Allein in der nördlichen Atlantikzone arbeiten 15 illegale Sägewerke, und immer wieder geben Behörden (häufig ausländischen) Unternehmen die Genehmigung zum Abholzen. 1996 wurde von über 200 Unternehmen Holz im Werte von US$ 20 Mio exportiert.

Ein weiterer Feind der Wälder ist zweifelsohne die Armut, die über 50% der Haushalte zwingt, auf Holz zu kochen.

Seit man in Nicaragua (und in ganz Zentralamerika) den Wert intakter Ökosysteme als Touristenattraktion entdeckt hat, bemüht man sich zu retten, was zu retten ist. Ein **Umweltschutzgesetz** wurde 1995 verabschiedet, aber dem zuständigen Ministerium *(MARENA)* fehlt es an Kontrollmöglichkeiten, geschulten Waldhütern und Mitteln, das Gesetz durchzusetzen. So ist es bisher eher als Willensäußerung denn als wirksame Vorschrift aufzufassen.

1958 wurde der **Vulkan Cosigüina** im Nordwesten zum ersten **Naturschutzgebiet** Nicaraguas erklärt. Inzwischen erstreckt sich der graduell unterschiedliche Schutz auf 72 Gebiete, die rund ein Zehntel des Landes umfassen.

Man unterscheidet u.a. zwischen:

Reserva Biológica, einer weitgehend unberührten Landschaft ohne menschliche Eingriffe (Indio-Maíz, Cayos Miskitos);

Reserva Nacional de Recursos, einer Landschaft, deren natürliche Ressourcen geschützt und erst dann genutzt werden sollen, wenn für eine nachhaltige Nutzung die angemessene Technologie entwickelt worden ist (Bosawas);

Parque Nacional, von der Regierung verwalteten Gebieten von über 1000 ha, die landschaftlich besonders reizvoll sind (Vulkan Masaya, Archipel von Zapatera);

Refugio de Vida Silvestre, Habitat von Tierarten, die es im nationalen oder internationalen Interesse zu schützen gilt (Los Guatuzos, Río Escalante-Chacocente, Playa la Flor);

Reserva Natural (52 Gebiete), deren natürliche Ressourcen weitgehend geschützt werden, bis ein nachhaltiger Nutzungsplan für das Gebiet erarbeitet wurde.

Einige **geschützte Arten**, deren Vertretern Sie in Nicaragua begegnen können: Krokodil, Karretschildkröte, Königsadler, Wanderfalke, Ara, Quetzal, Brüllaffe, Spinnenäffchen, Otter, Puma, Ozelot, Wildkatze, Seekuh, Tapir.

Bevölkerung

Mehr als die Hälfte der Einwohner ist jünger als 15 Jahre. Sie werden wenig alte Menschen zu Gesicht bekommen - es sei denn, Sie besuchen Gottesdienste - und Sie werden sich wundern, wie jung der Chef Ihres Hotels, die Pilotin im Cockpit oder der Kapitän Ihres Linienschiffes sind.

Als es die Spanier in das Gebiet des heutigen Nicaragua verschlug, trafen sie auf verschiedene Ethnien, die mit unterschiedlichen Sprachen, Sitten und Gebräuchen in abgegrenzten Territorien als Jäger und Bauern lebten. Die Anzahl ihrer Angehörigen betrug nach heutigen Schätzungen im 16. Jh. etwa 2 Mio Menschen.

Das Fehlen eines Zusammengehörigkeitsgefühls machte den Eindringlingen die Eroberung leicht. Danach reduzierten sie die Bevölkerung innerhalb kurzer Zeit erheblich. Fast eine halbe Million Indios wurden als Sklaven in die Minen von Panama und Peru verschifft, die übrigen durch Krieg, Krankheiten und Mißhandlung beinahe ausgerottet.

Nahezu 400 Jahre vergingen, bis Nicaragua seine ursprüngliche Einwohnerzahl wieder erreichte. In diesem Jahrhundert beschleunigte sich der Wachstumsrhythmus rapide. Von 1906 bis 1950 verdoppelte sich die Einwohnerzahl von ca. 500.000 auf ca. 1 Mio Bis 1995 hatte sich die Bevölkerung vervierfacht: Heute zählt man mehr als 4,5 Mio Einwohner. Bei einer gleichbleibend hohen Wachstumsrate von jährlich ca. 3,2% wird die Zahl der Nicaraguaner nach Prognosen der Vereinten Nationen im Jahre 2000 die 5 Mio-Grenze überschreiten. Das ist eine Anzahl von Menschen, die das Land von seiner Größe her leicht aufnehmen kann, ist Nicaragua doch mit durchschnittlich 35 Ew./km² das am dünnsten besiedelte Land Mittelamerikas.

Die Ballungsräume allerdings haben die Grenzen ihrer Aufnahmefähigkeit bereits überschritten: Managua (288 Ew./km²), Masaya

(400 Ew./km²) und andere größere Städte werden zum umkämpften Territorium arbeitsuchender Emigranten aus ländlichen Gebieten. Schon hat in dem Agrarland die Anzahl der Städter die Zahl der Landbewohner überschritten.

Ethnien

Woher die **Nicas**, wie sie sich selbst nennen, eigentlich kamen, darüber gibt es bisher kaum mehr als Mutmaßungen. Sicher ist nur: Von jeher zogen die fruchtbaren Ebenen am Pazifik Zuwanderer aus dem Norden (Mexiko) und Süden (nördliches Südamerika) an und machten aus Nicaragua schon vor der Ankunft der Spanier einen Schmelztiegel der Nationen.

Nach Vermischung mit spanischen Eroberern, englischen Piraten, schwarzen Sklaven und Lohnarbeitern, geschäftstüchtigen Nordamerikanern und in jüngster Zeit auch Mitarbeitern europäischer Hilfsorganisationen entstand ein Volk mit Hautfarben aller Schattierungen.

Dennoch werden Sie den indianischen Ursprung des kleinen Volkes unschwer erkennen. Die Nicaraguaner sind im Vergleich zu uns klein und zierlich. Ihr Teint ist bräunlich, das Haar schwarz, kraus oder glatt, die Lippen sind voll und die braunen Augen mandelförmig.

Obwohl heutzutage niemand mehr den Ehrgeiz hat, auszuzählen, wieviele Landesbewohner Weiße oder Mestizen sind, gilt, seit sich die Europäer zur Oberschicht aufschwangen: Je weißer die Haut, desto höher die Wahrscheinlichkeit, eine führende Position in der Gesellschaft einzunehmen. So werden auch Sie, egal, wie lässig Sie gekleidet sind, schon auf den ersten Blick als kaufkräftig eingestuft werden.

Neben der breiten Schicht der Mestizen gibt es nur noch einen Rest indigener Bevölkerung (4%), der seine eigene Sprache ebenso wie einige Elemente seiner ursprünglichen Kultur und Lebensform bewahrt hat. Seine Angehörigen leben zumeist in den mittlerweile autonomen Atlantikgebieten R.A.A.N und R.A.A.S (☞ Staat und Verwaltung), die bis vor hundert Jahren noch zum englischen Hoheitsgebiet zählten.

Mit ca. 120.000 Angehörigen auf nicaraguanischem Territorium sind die **Miskitos** die größte ethnische Gruppe. Sie siedeln im Osten des Landes, an der Atlantikküste ("Hauptstadt": Puerto Cabezas), und jenseits des Río Coco im östlichen Teil von Honduras. Sie sprechen ihre eigene Sprache, pflegen ihre alten Bräuche und bewirtschaften ihre Felder nach traditioneller Art.

Ihre Vorfahren aus dem nördlichen Südamerika (**Chibchas**) bewohnten vermutlich die Gegend um Rivas und wurden von dort Ende des 15. Jhs. von landsuchenden Einwanderern aus dem südlichen Mexiko vertrieben.

Als Verbündete der Engländer hinderten sie die Spanier in den folgenden Jahrhunderten an der Eroberung der Atlantikküste. Im 18. Jh. ruderten Miskito-Krieger sogar in Einbäumen nach Jamaika, um den Engländern bei der Unterwerfung rebellierender Sklaven zu helfen.

Viele Miskitos wehrten sich während des Krieges zwischen Contras und Sandinisten gegen die ungeschickten Umsiedlungsaktionen der Regierung und flohen nach Honduras, wo sie jahrelang in Flüchtlingslagern lebten.

Als die Regierung im fernen Managua mehr Verständis für Kultur und Bedürfnisse der indianischen Bevölkerung aufbrachte, kehrten die meisten Miskitos in ihre Heimat zurück.

Seit 1987 sichert ein Gesetz den Bewohnern der Atlantikküste autonome Verwaltung zu. Die Sprachen der einheimischen Ethnien werden als Amtssprache anerkannt, in den Schulen wird zweisprachig unterrichtet.

Aber auch ohne Gesetz überdauert die Sprache der Miskitos, zumal die meisten Orte auf Miskito bezeichnet werden: z.B. *Auas Yari* (Ortschaft zwischen Puerto Cabezas und Cabo Gracias, deutsch: "hohe Pinien"), *Biwatla* (Ortschaft am Río Tuara, deutsch: "lautes Haus").

Die Miskitos siedeln in kleinen Dörfern entlang der Flüsse und leben wie eh und je von Ackerbau (Brandrodungssystem) und Fischfang. Fortbewegungsmittel sind traditionell die eigenen Füße und schwere Einbäume, die von ihren athletische Besitzern meisterhaft durch Stromschnellen und Wildwasser gesteuert werden.

Kaum mehr als die Baseballmützen und Ghettoblaster weisen darauf hin, daß das zwanzigste Jahrhundert auch in die Miskito-Dörfer Einzug gehalten hat.

Die **Sumu-Indianer** entstammen wie ihre entfernten Verwandten, die Miskitos, der Chibcha-Familie. Nur noch etwa 10.000 Angehörige dieses Volksstammes leben in Nordosten Nicaraguas in den sumpfigen Waldgebieten um Bonanza und Siuna. In diese unwirtlichen Gefilde zogen sie sich zurück, als die expandierenden Miskitos sie im 17. und 18. Jh. aus ihren Siedlungsgebieten an der nördlichen Atlantikküste vertrieben.

Immer noch führen sie eher das Leben von Nomaden. Es gibt nur wenige auf Dauer angelegte Siedlungen im Goldminengebiet von Bonanza.

Ihre Häuser aus Bambus mit Dächern aus Palmblättern stehen verstreut an den Flußufern oder im Wald. Wie die Miskitos leben sie in erster Linie vom Ertrag ihrer kleinen Felder, zu deren Bewirtschaftung ihnen außer der Machete kaum ein Gerät zur Verfügung steht, sowie von Fischen, die sie mit Wurfnetzen in den Flüssen fangen.

Das Volk der **Rama**, die kleinste Ethnie Nicaraguas, siedelt am Río Kukra und in Rama Cay, einer kleinen Insel in der Bluefields Bay, die Sie mit einem gecharterten Boot besuchen können.

Auch ihre Sprache, die allerdings nur noch von ein paar alten Leuten gesprochen wird, wird der Chibcha-Sprachfamilie zugerechnet. Von den Miskitos unterdrückt und von eingeschleppten Krankheiten wie Cholera, Gelbfieber und Grippe reduziert, zählen sie heute nur noch ca. 700 Angehörige, die als Kleinbauern, Fischer und Jäger leben.

Die Rama haben sich nicht mit anderen Volksstämmen vermischt und gelten als die reinste Ethnie des Landes.

Die junge Volksgruppe der **Garífuna** (ca. 1000 bis 2000 Menschen) entstand aus der Verbindung von karibischen Inselbewohnern mit afrikanischen Sklaven, die es nach einem Schiffbruch im Jahre 1624 auf die **Isle of Vicent** verschlug. Ende des 18. Jhs. erhoben die Engländer Anspruch auf die Insel. Die Garifunas wurden vertrieben und siedeln seither an der Atlantikküste von Belize bis Nicaragua.

Ihre Sprache ist ein kreolisches Englisch, durchsetzt mit arabischen, spanischen und französischen Elementen. Ihre afro-karibische kulturelle Identität haben sie weitgehend bewahrt. Sie manifestiert sich noch bei Festen, bei bestimmten Riten, in der Religion, wo auch die Ahnenverehrung noch ihren Platz findet, im sozialen Gefüge (matriarchalischen Strukturen) sowie bei der besonderen Zubereitung ihrer Speisen. (Fast alles wird mit Kokosmilch gekocht, was zunächst etwas seltsam, mit der Zeit aber köstlich schmeckt...)

Viele Garífuna sind in den letzten Jahren nach Florida ausgewandert und schicken von dort aus Dollars zum Lebensunterhalt der Daheimgebliebenen.

Staat und Verwaltung

Die Republik Nicaragua ist ein sozialer Rechtsstaat. Managua ist Regierungssitz. **Regierungsorgane** sind:

Der **Präsident** der Republik, Amtszeit sechs Jahre, gleichzeitig Staatschef, Regierungschef und Oberbefehlshaber des Heeres. (Als Nachhall der Somoza-Diktatur verbietet die unter der sandinistischen Regierung 1987 ausgearbeitete und 1995 reformierte Verfassung sowohl die Wiederwahl eines Präsidenten, als auch die Wahl eines Kandidaten, der mit dem scheidenden Staatsoberhaupt verwandt ist).

Die **Nationalversammlung** *(Asamblea Nacional)* mit 90 Abgeordneten, bzw. deren Vertretern, die in direkten Wahlen für 6 Jahre gewählt werden.

Der **Oberste Gerichtshof** *(Corte Suprema de Justicia)*, dessen zwölf Mitglieder für sieben Jahre von der Nationalversammlung gewählt werden.

Der **Oberste Wahlrat** *(Consejo Supremo Electoral)*, dessen fünf Mitglieder ebenfalls von der Nationalversammlung gewählt werden.

Verwaltungsmäßig gliedert sich der Staat in 16 Bezirke *(Departamentos)* und 143 Gemeinden *(Municipios)*. Der Bezirk Zelaya wurde 1987 aufgelöst. Statt dessen entstanden eine nördliche und eine südliche **autonome Atlantikregion** (R.A.A.N und R.A.A.S).

Bei den Wahlen von 1996 siegte die *Liberale Allianz (AL)* unter der Führung von **Arnoldo Alemán**, dem gegenwärtigen Staatspräsidenten. Die *Sandinistische Partei (FSLN)* unter **Daniel Ortega** unterlag. Die übrigen 21 Parteien bzw. Wahlbündnisse erhielten zusammen kaum ein Viertel der Stimmen, die Alemán zum Wahlsieg verhalfen. Wahlberechtigt sind alle Nicaraguaner, die das 16. Lebensjahr vollendet haben.

Bildungswesen

Bildung in Zahlen (1995)

Sekundarschulen:	5.675
Schüler insgesamt:	1.250 Mio (von 4,5 Mio Ew.)
Hochschulreife erreichten :	17.100 Schüler
Studenten:	37.000
Universitäten im nationalen Universitätsverband:	11

Unter der sandinistischen Regierung wurden Alphabetisierungskampagnen im Lande durchgeführt, die die Analphabetenrate praktisch auf Null senkten. Aus Mangel an Praxis und fehlendem Zugang zu Druckerzeugnissen vergaßen in den neunziger Jahren besonders Teile der ländlichen

Bevölkerung ihre frisch erworbenen Kenntnisse wieder. Heute kann etwa ein Drittel der nicaraguanischen Bevölkerung nicht lesen und schreiben und ist damit in Fortbildung und Erledigung administrativer Belange auf fremde Hilfe angewiesen.

Grundschulbildung ist kostenlos und obligatorisch, jedenfalls auf dem Papier. In der Praxis gibt es zu wenig Schulen, so daß Kinder in abgelegenen Gegenden keine Möglichkeit zum Schulbesuch haben. Mangelhafte Ausstattung der Schulen, Mangel an Lehrpersonal (derzeit gibt es für durchschnittlich 40 bis 50 Grundschüler nur einen Lehrer) und die für große Teile der Bevölkerung unerschwinglichen Kosten für Schuluniformen und Lehrmittel sind ein Grund, daß zahlreiche Kinder die Schule mit einem Minimum an Ausbildung verlassen.

Oberschulen und Universitäten sind teils staatliche, vorwiegend jedoch private oder kirchliche Institutionen. In Managua gibt es das *Colegio Alemán* (bis einschließlich 11.Klasse) wo in Deutsch und in Spanisch unterrichtet wird.

Wirtschaft

Wirtschaft im Überblick (Daten von 1995)

Pro-Kopf-Einkommen :	US$ 417
Außenhandelsdefizit:	US$ 451 Mio
Staatshaushalt 1996:	US$ 386 Mio
Bruttosozialprodukt:	US$ 1,89 Mrd
Auslandsschulden 1996:	US$ 3,8 Mrd
Wirtschaftswachstum:	4,2%
Inflationsrate:	11,1%

Nach offiziellen Angaben sind derzeit etwa 50% der Nicaraguaner arbeitslos oder unterbeschäftigt. Nach inoffiziellen Schätzungen liegt die Anzahl der Arbeitslosen jedoch bei über 60%, wovon ca. 40 % versuchen, ihr Leben durch Straßenverkauf oder inoffizielle Dienstleistung zu fristen. Die Mehrheit der Nicaraguaner (Schätzungen liegen bei 70%) lebt mit einem Einkommen unter der Armutsgrenze.

Die Gehälter der staatlichen Angestellten liegen z.B. für Krankenschwestern, Polizisten und Lehrer derzeit bei US$ 60, knapp die Hälfte der Kosten für den Warenkorb (Lebensmittel, Haushaltswaren und

Kleidung) einer sechsköpfigen Familie. Deswegen bemühen sich auch Angestellte in festen Arbeitsverhältnissen, durch Gelegenheitsjobs oder als Kleinstunternehmer ihren schmalen Verdienst aufzubessern.

Auch heute ist Nicaragua noch ein Agrarland, das den größten Teil seiner Devisen aus dem Export von Rohstoffen wie Kaffee, Meeresfrüchten, Fleisch und Zucker sowie in geringerem Maße Bananen, Sesam und Gold bezieht.

Eine immer wichtigere Rolle für Deviseneinkünfte spielt mit Wachstumsraten von jährlich über 30% (1995) der Tourismus, der inzwischen mehr als 10% der Staatseinnahmen einbringt.

Große Industriebetriebe gibt es im Lande nicht. Wachsend ist die Zahl der zum großen Teil von Ausländern betriebenen Textilfertigungsbetriebe (maquilas) in Freihandelszonen, die schlecht bezahlte Arbeitsplätze in erster Linie für Frauen schaffen.

Dem Export von Produkten im Wert von rund US$ 497 Mio stand 1995 der Import von Waren im Werte von ca. US$ 948 Mio gegenüber, davon rund 13% allein für Petroleum und seine Derivate.

Die Auslandsschulden wurden von 1990 bis 1997 durch Schuldenerlaß von US$ 12,5 Mrd auf US$ 3,8 Mrd reduziert.

Beziehungen zu anderen Staaten

Beziehungen zu den Nachbarländern

Das Abkommen von Esquipulas II von 1987 war ein erster Schritt der zentralamerikanischen Staaten zur Verbesserung ihrer nachbarschaftlichen Beziehungen. In der Folge wurde ein zentralamerikanisches Parlament *(PARLACEN)* ins Leben gerufen, das mit viel bürokratischem Aufwand und wenig sichtbaren Ergebnissen auf einen engeren wirtschaftlichen und politischen Zusammenschluß der vertretenen Länder (Nicaragua, Honduras, Costa Rica, El Salvador, Guatemala) hinarbeitet.

✱   Honduras: Mit Unterstützung von in Honduras stationierten US-Truppen organisierte die Contra ihre Operationen gegen die sandinistische Regierung, was zu starken Spannungen zwischen beiden Ländern führte. Heute sind die Beziehungen kühl, aber friedlich. Gelegentlich kommt es zu Auseinandersetzungen um die Fischereirechte im Golfo de Fonseca, die jedoch auf diplomatischem Wege beigelegt werden.

✳   Costa Rica: Viele Nicaraguaner wandern illegal in den wohlhabenderen Nachbarstaat ein, um dort ihren Unterhalt zu verdienen. Die immer wieder erfolgenden Massenausweisungen führen jedoch nicht zu einer Verschlechterung der friedlichen Beziehung zwischen beiden Ländern.

Beziehungen zur BRD

Im zweiten Weltkrieg erklärte Nicaragua unter Somoza dem Großdeutschen Reich den Krieg. Grund war weniger politische Gegnerschaft als Druck von Seiten der USA und wirtschaftliche Erwägungen: Die Kriegserklärung lieferte den Vorwand, das Vermögen der zahlreichen in Nicaragua ansässigen deutschen Unternehmer und Kaffeefarmer zu konfiszieren.

Während die Regierung der Bundesrepublik mit Kohls Amtsantritt 1982 von den Sozialdemokraten bereits zugesagte Kredite sperrte, erfreute sich die revolutionäre Regierung finanzieller und personeller Unterstützung der DDR. Stipendiaten wurden gefördert, medizinisches und technisches Know-How exportiert. Einen Großteil des öffentlichen Transports in Managua übernehmen noch heute Ifa-Lastwagen und Robur-Busse, die mittlerweile ebenso ramponiert wirken wie das Ideal des Realen Sozialismus. Im Gegensatz zur Regierungspolitik engagierten sich in der Bundesrepublik Gewerkschaften, Kirche, fortschrittlich regierte Städte und Dritte-Welt-Gruppen bei der Unterstützung der nicaraguanischen Volksbewegung. Tausende von jungen Deutschen halfen in den achtziger Jahren beim Einbringen der Kaffeernte oder beim Aufbau von Gemeindeprojekten.

Heute noch gibt es über zwanzig Städtepartnerschaften. Gegenwärtig fördert die BRD vor allem Entwicklungsprojekte im Rahmen der Versorgung mit Energie und Trinkwasser, der Abwasserentsorgung (allein DM 40 Mio fließen in die geplante Sanierung des zur Kloake gewordenen Managua-Sees) und des Umweltschutzes. Bei der technischen Zusammenarbeit konzentriert sich die Hilfe auf Berufsbildung, Privatwirtschaftsförderung, Gesundheitswesen und Förderung der Landwirtschaft.

Die Handelsbilanz (1994) sieht folgendermaßen aus:

Export Nic-BRD:	DM 75 Mio (davon 80% Kaffee)
Import BRD-Nic:	DM 15 Mio (Konsumgüter, Technologie)

Vertreten sind in Nicaragua u.a. VW, Mercedes, Siemens, Bayer, Hoechst.

Im Rahmen eines Umschuldungsabkommen von 1996 wurde dem verarmten Land von der BRD DM 1 Mrd Schulden zu 80 % erlassen. Der Rest wurde auf 40 Jahre umgeschuldet.

Religion

Zwar gibt es in Nicaragua keine Staatsreligion, jedoch bekennt sich der Großteil der Nicaraguaner - laut offiziellen Angaben 94 % - ohne Rücksicht auf die politische Couleur zum katholischen Glauben.

An der Atlantikküste missionierte von der zweiten Hälfte des 19. Jhs. bis in die zwanziger Jahre dieses Jahrhunderts die protestantische Herrnhuter Brüdergemeinde und später die moravische Kirche. Deswegen ist ein Großteil der Bewohner der Atlantikküste evangelisch.

Immer mehr Anhänger finden evangelische Sekten nordamerikanischen Ursprungs, die allerorten aus dem Boden sprießen. Der Vorteil: Ihre Anhänger dürfen keinen Alkohol trinken. Ob das dadurch ersparte Geld tatsächlich der Familie zukommt oder, wie böse Zungen behaupten, die Taschen der Prediger füllt, entzieht sich der Kenntnis der Autorin.

Sprache

Die Nicas sprechen ein Spanisch, das sich vom Hochspanischen etwa so unterscheidet wie das Bayrische vom Hannoverischen. Verwünschen Sie nicht Ihren Volkshochschulkurs, denn sogar Spanier haben zunächst Verständnisschwierigkeiten. Der Grundwortschatz ist der gleiche, doch gibt es zusätzlich viele Ausdrücke, die in Spanien aufgrund der anderen Landesnatur nicht gebraucht werden, und umgekehrt.

Daneben lebt das **Nahuatl**, die Sprache der Einwanderer aus Mexiko, in vielen geographischen Bezeichnungen, Namen für Pflanzen, Tiere und Nahrungsmittel fort.

Noch fast unverfälscht erhalten sind nur **Miskito**, die Sprache der gleichnamigen größten ethnischen Gruppe Nicaraguas, sowie **Sumu** und **Rama**, aussterbende Sprachen, die nur noch von einem verschwindend geringen Teil der Bevölkerung gesprochen werden.

Eine Art Englisch ist zweite Muttersprache für die kreolischen Bewohner der Atlantikküste. Der starke Einfluß der USA macht sich unter anderem in zahlreichen Anglizismen bemerkbar, die zunehmend Eingang ins nicaraguanische Spanisch finden.

Als einfühlsamer Individualreisender sollten Sie sich zumindest ein paar Brocken Spanisch aneignen, aus Höflichkeit und weil es Ihnen das Fortkommen wesentlich erleichtert.

Reise-Infos von A bis Z

Aids

In Nicaragua wurden im vergangenen Jahr 140 Fälle von Aids bekannt. Damit ist das Land von dieser heimtückischen Krankheit weit weniger betroffen als z.B. der nördliche Nachbar Honduras. Promiskuität, Prostitution und die immer noch unzureichende Aufklärung lassen die Zahl der Erkrankungen jedoch ansteigen. Seien Sie umsichtig.

Alkohol und Drogen

Illegale Drogen sind in Nicaragua verpönt, Besitz und Konsum wird bestraft. Alkohol, besonders Bier und der starke einheimische Rum, werden besonders am Wochenende und besonders von Männern in einem Ausmaß konsumiert, das maßvolle Genießer zum Kopfschütteln veranlaßt... Rauchen ist noch überall erlaubt, aber glücklicherweise nicht sehr verbreitet.

Ämter und Behörden

Die Amtsschimmel beiderlei Geschlechts lassen sich nicht stressen. So sind die Angaben über Öffnungszeiten (meist vormittags von 8.00 bis 12.00 Uhr) zwar meist zuverlässig, ob Ihr Ansprechpartner aber auch gerade zur Verfügung steht, ist eine andere Frage. Möglicherweise ist er gerade *reunido*, das heißt, in einer sehr wichtigen Versammlung. Aufbegehren nutzt wenig, Geduld und Freundlichkeit mehr. Richten Sie sich von vornherein auf mehrere Anläufe ein und vergessen Sie nicht, zum Zeitvertreib das Reisehandbuch mitzunehmen.

An- und Abreise

Auf dem Luftweg
Folgende Fluggesellschaften bieten Flüge nach Managua an, wo der einzige internationale Flughafen des Landes liegt:

- **American Airlines** (über Miami direkt nach Managua).
- **Iberia** (über Madrid und Miami direkt nach Managua).
- **Continental Airlines**: (über Houston direkt nach Managua).
- **KLM**: (über Mexiko City direkt nach Managua).

◆ **Lufthansa und Air France**: bis Miami. Von dort aus Anschlußflüge mit: American Airlines (non-stop), Nica (non-stop), Iberia (meistens non-stop), Lacsa (non-stop), Aviateca (Zwischenstop in San Salvador und Guatemala).

☺ Bei Direktflügen vermeiden Sie die Einwanderungs- und Zollkontrolle der USA!

Wenn Sie in den USA die Fluglinie wechseln, müssen Sie Ihren Paß von den Einwanderungsbehörden abstempeln und eventuell ihr Handgepäck kontrollieren lassen. (Lebensmittel wie Wurst & Co, Obst und Pflanzen werden dann konfisziert). Sie können Ihre Koffer durchchecken lassen. Beim Abflug müssen Sie darauf achten, daß der rote ITI-Anhänger am Gepäck befestigt wird.

Flugpreise sind saisonal unterschiedlich, derzeit relativ einheitlich bei ca. US$ 1100 (Hin- und Rückflug).

Ein **Visum** wird zur Zeit von den Grenzbehörden am Flughafen in Managua für US$ 5 für 30 Tage ausgestellt. Da sich die Bestimmungen ständig ändern, erkundigen Sie sich sicherheitshalber drei Wochen vor Abreise bei der nicaraguanischen Botschaft in Bonn.
Einreisen darf man nur mit einem mindestens noch sechs Monate gültigen Reisepaß und einem Rück- oder Weiterflugticket.

Der Flughafen in Managua ist nach dem Befreiungskämpfer Augusto César Sandino benannt und liegt 11 km vom Stadtzentrum entfernt. Dort gibt es Bank, Post, Telefon, Autovermietung und Kunsthandwerk in zahlreichen Läden (alles nur tagsüber geöffnet, kaum teurer als anderswo).
Taxis fahren Sie in die Innenstadt (Preis ca. US$ 12, vor der Abfahrt vereinbaren!) Öffentliche Busse (die für Ihr Gepäck eher keinen Platz haben!) halten unweit des Flughafens an der Carretera Norte.

✋ Bei der Ausreise müssen Sie derzeit US$ 18 (in Dollar!) an Flughafengebühren zahlen.

Auf dem Landweg
Von **Honduras** aus über die Grenzstationen El Espino, Las Manos oder Guasaule. Grenzort zu **Costa Rica** ist Peñas Blancas, Einreise in das Gebiet des Río San Juan ist auch über Los Chiles möglich.

✍ Für die Einreise nach Nicaragua benötigen Sie einen Reisepaß, der noch mindestens sechs Monate gültig ist.

Baden und Strände

Ob salzig oder süß, Nicaragua ist das Land der Badefreuden. Traumstrände, Seen und Lagunen, klare Flüsse und Bäche laden überall zum Baden ein.

Aber auch in Nicaragua ist das Paradies schon verlorengegangen, und deswegen sollten Sie ein paar **Hinweise** beherzigen, um ungetrübte Badefreuden zu erleben:

✳ **Kleidung:** Männer tragen Badehosen oder Shorts, Frauen können an gut besuchten Stränden im Badeanzug oder im Bikini baden. In touristisch weniger erschlossenen Gebieten sollte frau sich, wie die Einheimischen, zusätzlich noch ein T-Shirt überziehen. Das schützt vor schmachtenden Blicken und Sonnenbrand.

Bitte nicht nackt oder oben-ohne!

✳ An einigen Stränden gibt es heimtückische **Strömungen**. Erkundigen Sie sich bei den Leuten und behalten Sie in unbekannten Gewässern Boden unter den Füßen.

✳ Lassen Sie Ihre Habe, und sei sie noch so gering, nicht unbeaufsichtigt am Strand zurück.

Diplomatische Vertretungen

... in Deutschland, Österreich und der Schweiz

◆ Deutschland: Botschaft der Republik Nicaragua, Konstantinstr.41, 53179 Bonn, ☎ 0228/35 59 38, FAX 0228/354001.
◆ **Österreich:** Botschaft der Republik Nicaragua, Buchfeldgasse 18, 1080 Wien, ☎ 01/4031839, FAX 01/4032752.
◆ **Schweiz:** Botschaft der Republik Nicaragua, 16, Rue de Roveray, 1207 Genf. ☎ 022/7366644, FAX 022/7366012.

... in Nicaragua

◆ Vertretung Deutschlands: Embajada de Alemania, Bolonia C.C. Plaza España, 1 1/2 c. al Lago, ☎ 266 7944 o. 266 7667 o. 266 7500.

♦ **Vertretung Österreichs:** Embajada de Austria (Nebenstelle der österreichischen Botschaft in Costa Rica): Semáforo Plaza España, 1 c. al Lago, ☎ 266 3316 o. 266 3424.
♦ **Vertretung der Schweiz:** Consulado de Suiza (Nebenstelle der Schweizer Botschaft in Costa Rica): Iglesia Santo Domingo 2 c al Norte (Barrio Santo Domingo), ☎ 276 2410.

Einkaufen

Wer in Nicaragua nicht gerade zur zahlungskräftigen Oberschicht gehört, die gleich in Miami einkauft, erledigt seine Besorgungen auf einem der Märkte. Hier gibt es vom Autoersatzteil bis zur Zahnbürste alles. Feilschen ist nicht üblich. Ausländer *(Cheles)* zahlen etwas mehr als Einheimische, besonders, wenn sie nicht gut spanisch sprechen. Das ist eben so.

Lebensmittel und Haushaltswaren verkaufen Ihnen die gut sortierten *Mini-Supers*, die rund um die Uhr, oder die noch kleineren *Pulperías*, die meist bis in die Nacht hinein geöffnet sind. Außerdem gibt es in Managua ein paar gigantische Supermärkte nach US-amerikanischem Vorbild. Läden für Anspruchsvolle sind eher rar.

☺ Decken Sie sich mit Kleingeld ein, denn gerade an Ständen und bei Pulperías kann der Kauf einer Kleinigkeit am fehlenden Wechselgeld scheitern (☞ Managua: Sehenswertes).

Elektrizität

110 Volt Wechselstrom, 60 Hertz, zweipolige Flachstecker. In den größeren Städten fällt der Strom überraschend, dafür meist nur für kurze Zeit aus. Auf dem Land lebt man auch ohne, oder man hat ihn nur ein paar Stunden täglich. Besorgen Sie sich eine gute Taschenlampe und ein paar Kerzen (gibt es auch im Land überall zu kaufen)!

Entfernungen

Wenn Sie sich nach Entfernungen erkundigen, fragen Sie lieber nicht nach der Kilometerzahl, sondern nach der Zeit, die man voraussichtlich braucht. Strecken, die auf der Karte kurz aussehen, können sehr lang werden, wenn die Asphaltdecke fehlt.

Von Managua an die honduranische Grenze Las Manos rechnet man etwa 4 Stunden mit dem Auto, von Managua nach Peñas Blancas (Grenze zu Costa Rica) etwa 2:30 Stunden.

Essen und Trinken

Volksnahrung ist das Standardgericht *Gallo Pinto*, rote Bohnen mit Reis. Das ißt, wer kann, schon zum Frühstück, dann zu Mittag und wieder zu Abend. Dazu gibt es *tortillas* (Maisfladen), *chile* (eine scharfe Pfeffersauce), und, je nach Geldbeutel, Bananen verschiedener Süßegrade und eine Fleisch-, Geflügel- oder Fischbeilage.

An Ständen auf den Märkten oder an der Straße *(fritangas)* werden Imbisse jeder Art angeboten. Wegen der schauderhaften Hygienebedingungen ist es ratsam, hier und auch in einfachen Restaurants auf Salat & Co zu verzichten.

Die Speisekarten *(menú)* gleichen sich im ganzen Land. Es gibt überall Huhn *(pollo)*, Eier *(huevos)*, Fleisch *(carne)* oder Fisch *(pescado)* mit Reis *(arroz)* oder Pommes Frites *(papas fritas)*. In guten Restaurants und am Meer wird die Speisekarte durch eine Vielfalt köstlicher, preiswerter Meeresfrüchte *(mariscos)* ergänzt.

Die **Preise** für eine Mahlzeit liegen in den *comedores* (einfache Restaurants mit Familienbetrieb) bei C$ 15, in den mittleren Restaurants bei C$ 40. Nach oben sind die Grenzen offen.

Trinken sollten Sie Ihrer Gesundheit zuliebe frischgepreßte Obstsäfte *(jugo)* (ohne Wasser und nur in guten Restaurants mit Eis!), kein Leitungswasser, statt dessen *agua purificada* - Trinkwasser, das überall in Flaschen verkauft wird - oder Markenlimonade *(fresco)*.

Feste und Feiertage

Offizielle Feiertage *(Fiestas Públicas)*

01.01.   Neujahr *(Año Nuevo)*
März/April Gründonnerstag/Karfreitag *(Jueves y Viernes Santo)*
01.05.   Tag der Arbeit *(Día del Trabajo)*
19.07.   Tag der Befreiung *(Día de la Liberación)*

14.09.	Schlacht von San Jacinto *(Batalla de San Jacinto)*
15.09.	Unabhängigkeitstag *(Día de la Independencia)*
08.12.	*Día de la La Purísima Concepción* (Unbefleckte Empfängnis)
25.12.	Weihnachten *(Navidad)*

Lokale Feiertage *(Fiestas Patronales)*

Vielerorts werden bei Feiertagen zu Ehren des Schutzpatrons vor-christliche Bräuche, deren Bedeutung leider kaum noch jemand kennt, in Tänzen und Liedern wieder lebendig. Auch die prächtigen Kostüme der Tänzer und Schauspieler machen die Feste wirklich sehenswert. Bei keinem Fest fehlt das Feuerwerk, denn Explosionen sind Ausdruck der Freude und bannen böse Geister. Unbedingt sehenswert sind folgende Feste:

20.01.	**Diriamba:** *Fiesta de San Sebastián* (Prozession, traditionelle Tänze)
Februar	**Masaya:** *Domingo de Lazaro* (Wallfahrt; Segnung der Hunde und anderer Haustiere)
24/25.04.	**San Marcos:** *Fiesta de San Marcos* (Prozession, traditionelle Tänze)
29.04.	**Diría:** *Fiesta de San Pedro Mártir* (Weihung von Palmwedeln als Schutz gegen Unwetter)
01. bis 31.05.	**Bluefields:** *Fiestas del Palo de Mayo* (afro-karibische Fruchtbar-keitstänze um den Maibaum)
29.06.	**Granada:** *Fiesta de San Pedro* (traditionelle Tänze)
25.07.	**Jinotepe:** *Fiesta de Santiago Apóstol* (traditionelle Tänze)
26.07.	**Nandaime u. Niquinohomo:** *Fiesta de Santa Ana* (traditionelle Tänze)
01.08.-10.08.	**Managua:** *Fiesta de Santo Domingo de Guzmán* (gigantische Pro-zession, Tänze)
Oktober	**Masaya:** *Festividades de San Jerónimo* (traditionelle Tänze)
07.12.	**Im ganzen Land;** besonders sehenswert in León, Granada und Managua: *Día de la Gritería* (singende Gruppen ziehen von einem phantasievoll dekorierten Marienhausaltar zum nächsten und las-sen sich von den Hausbewohnern beschenken)
25.12.	**Masaya:** *Día del Niño Dios*
31.12.	**Catarina:** *Fiesta de San Silvestre* (traditionelle Tänze)

Fotografie und Video

Die meisten Nicas besitzen Fotos nur von festlichen Anlässen wie Schul-abschluß, Hochzeit, Kommunion u. ä. Sie freuen sich deshalb im all-gemeinen sehr, wenn sie fotografiert werden. Manchmal ist es Ihnen aber auch gar nicht recht, weil sie gerade "nur" Alltagskleidung tragen.

Nehmen Sie Rücksicht und bitten Sie Ihr Modell vorher um Erlaubnis. Wenn Sie dann noch einen Abzug verschenken, haben Sie ein Herz gewonnen.

☞ Militärische Anlagen zu fotografieren ist verboten.

Wegen der hohen Luftfeuchtigkeit versagen Kameras gelegentlich ihren Dienst. Zur Freude Ihrer Besitzer funktionieren sie meist aber nach einer Akklimatisierungszeit wieder von selbst.

Videokameras werden oft für Fernsehkameras gehalten, was zur Folge hat, daß Ihre Modelle jede Natürlichkeit ablegen oder daß andere Passanten sich ins Bild drängen.

Ihr Foto- und Filmmaterial ist zu Hause billiger. Filme in Nicaragua entwickeln zu lassen, ist wegen unsachgemäßer Behandlung ein Risiko.

Frauen unterwegs

Vertreterinnen ausländischer Hilfsorganisationen haben die nicaraguanischen Machos gelehrt, auch reisende Frauen zu respektieren. Um Fehleinschätzungen vorzubeugen, sollten Sie jedoch allzu kurze Röcke/Hosen und einen tiefen Ausschnitt vermeiden und einen Büstenhalter tragen.

Sie können abends problemlos ohne männliche Begleitung ausgehen. Wenn Sie zu oft zum Tanzen aufgefordert werden, lehnen Sie freundlich ab mit der Begründung: *"Estoy cansada"* (Ich bin müde). Das wird richtig verstanden.

In Restaurants kann es vorkommen, daß man Sie auch, wenn Sie zu viert auftreten, fragt, ob Sie ganz alleine unterwegs wären. Das ist nicht böse gemeint.

Der nicaraguanische Macho läßt kein weibliches Wesen unbeachtet. Meist ist seiner Eitelkeit aber schon Genüge getan, wenn Sie ihm mit einem kleinen Lächeln zeigen, daß Sie ihn zur Kenntnis genommen haben.

Geld und Kreditkarten

Landeswährung ist der *Córdoba (C$)*, benannt nach dem spanischen Gründer der Städte Granada und Léon *Francisco Hernández de Córdoba*. Es gibt Scheine von 100, 50, 20, 10, 5, 1 und 0,5 Córdoba, kleinere

Scheine (die das Papier nicht wert sind) von 25, 10, 5 und 1 Centavo de Córdoba sowie Münzen von 50, 25, 10 und 5 Centavo de Córdoba.
Wechselkurs: US$ 1 = 9,40 Córdobas (6/97).

☺   Versehen Sie sich mit einem Vorrat an US$. An anderen Währungen wird höchstens noch die der Nachbarländer akzeptiert, also keine DM! Devisen dürfen Sie in beliebiger Menge einführen.

Dollars tauschen können Sie bei Banken, Wechselstellen *(Casas de Cambio)* oder, etwas günstiger, bei Geldwechslern, die an den Straßen mit Geldscheinbündeln wedeln. Erkundigen Sie sich nach dem jeweils gültigen Wechselkurs (er ändert sich ständig) und vergleichen Sie. Seien Sie vorsichtig und zeigen Sie Ihre Dollarbeträge erst, wenn Sie die ausgehändigte Summe nachgezählt haben.

Travellerschecks werden nur in US$ akzeptiert, und zwar im allgemeinen nicht von Banken, sondern fast nur von Wechselstellen (Gebühr mindestens US$ 5, ab US$ 200: 3%). Beim Umtausch in nationale Währung werden keine Gebühren erhoben, jedoch liegt der Kurs unter dem offiziellen Wechselkurs.

Kreditkarten (Master Card, Visa) werden von größeren Hotels, Restaurants, Mietwagenfirmen, Tankstellen, Reisebüros und Geschäften des gehobenen Standards akzeptiert.

Bei Reisen an die Atlantikküste, nach Solentiname und Corn Island sollten Sie sich mit ausreichend Bargeld versehen. Wo es kein Telefon gibt, kann Ihre Kreditwürdigkeit nicht überprüft werden. Kreditkarten werden folglich nicht akzeptiert!

Bei Überlandreisen versorgen Sie sich rechtzeitig mit einheimischer Währung, da es in kleineren Orten keine Wechselmöglichkeiten oder nur solche zu einem miserablen Kurs gibt. In größeren Ortschaften sind die Hotels im allgemeinen bereit, ihren Kunden Dollars in die Landeswährung zu wechseln (und daran noch ein bißchen dazu zu verdienen).

Gesundheit

Unter den in Nicaragua häufig vorkommenden Krankheiten wie **Cholera** leiden vor allem die Armen, die kein sauberes Trinkwasser haben. Meiden Sie deshalb Leitungswasser, ungeschältes Obst, lose Getränke von Ständen, Speiseeis, das nicht abgepackt ist, und Rohkost jeder Art!

☺ Das scharfe *chile*, das zu jeder Mahlzeit gereicht wird, beugt Darmparasiten vor.

Neben den üblichen Impfungen (Typhus, Tetanus, Polio) empfiehlt sich eine **Malariavorbeugung**, zumal, wenn Sie in der Regenzeit reisen. Nehmen Sie bei Reisen über Land ein Moskitonetz mit, samt einem kleinen Schraubhaken und einem Stück Schnur, denn die Hotels verzichten meist auf Schutzvorrichtungen gegen Mücken. Versorgen Sie sich mit Mückenschutz. Mücken *(zancudos)* stechen im Schatten auch tagsüber. Zeigen Sie nach Sonnenuntergang möglichst wenig von Ihrer nackten Haut.

☺ Ein Tip für Wanderer: In Wäldern und auf Wiesen ganz Mittelamerikas sind die *coloradillas* verbreitet, mikroskopisch kleine **Milben**, die sich vorzugsweise an Knöcheln und in Weichteilen festbeißen. Dagegen empfiehlt sich im Wald eine Kopfbedeckung (auch gegen Zecken) und die Imprägnierung von Füßen und Bekleidung mit Autan o.ä.

Sonnenstrahlen bräunen auch bei bedecktem Himmel. Besorgen Sie sich Cremes (ab Faktor 15), Hut und Sonnenbrille.
Antibiotika machen die Haut empfindlicher für UV-Strahlen!

✍ **Trinken** Sie viel mehr als zu Hause! Bei Überlandfahrten und Wanderungen Trinkwasser mitnehmen!
Alkohol vor Sonnenuntergang wirkt stärker als zu Hause!

Sollten Sie regelmäßig **Medikamente** einnehmen müssen, versorgen Sie sich zu Hause. Zwar gibt es fast alles (meist sogar billiger und rezeptfrei) in Apotheken *(farmacia)*, jedoch hat das Verkaufspersonal selten eine Fachausbildung.
Viele Rheumatiker vergessen ihre Leiden im warmen Klima, Menschen mit Kreislaufschwierigkeiten leiden bei Hitze evtl. mehr.

Grenzöffnungszeiten

Laut Auskunft der zentralen Zolldirektion sind alle Grenzübergänge täglich von 8:00 bis 17:00 geöffnet. Nach Berichten einiger Reisender schließen die lokalen Grenzbehörden den Übergang jedoch von 12:00 bis 13:00, um Mittag zu essen.

☝ Sonntags wird für den Grenzübertritt manchmal eine Sondergebühr erhoben.

◆ **Grenzübergänge nach Honduras:** El Guasaule, El Espino, Las Manos.
◆ **Grenzübergang nach Costa Rica:** Peñas Blancas.

Kleidung

Auch bei offiziellen Anlässen trägt "Mann" hier aus klimatischen Gründen selten Schlips und Jackett, sondern die nationale *guayabera*, ein kurzärmeliges weißes Hemd.

Auf saubere, gebügelte Kleidung, angenehmen Geruch (Deo!) und eine gepflegte Erscheinung wird großer Wert gelegt. Kurze Hosen sind für beide Geschlechter verpönt. Sandalen gelten als Zeichen für Armut, bei wohlhabenden Männern für Homosexualität. Frauen, die auf sich halten, entfernen Achsel- und Beinhaarwuchs.

In jedem Fall empfiehlt es sich, leichte, weite Baumwollkleidung mitzunehmen, die Schweiß absorbiert und vor Insektenstichen schützt, sowie leichte Pullover für abends, Regenschutz und feste Schuhe.

Kunsthandwerk

Auf dem Flughafen, dem *Huembes-Markt* in Managua und dem großen Markt von Masaya wird angeboten, was das Land an Kunsthandwerk zu bieten hat: bunte, dekorative Figuren aus Balsaholz, die auf Solentiname geschnitzt werden, Hängematten aus Masaya und Umgebung, Keramik aus San Juan del Oriente, Lederprodukte (auch aus Frosch- und Echsenleder), Specksteinfiguren, Schmuck und Holzschnitzereien.

Die Preise sind meist Festpreise mit dem üblichen *Chele*-(Ausländer)Aufschlag, die man nur herunterhandeln sollte, wenn sie astronomisch erscheinen.

Lebensstandard

Die Schere des Wohlstands klafft in Nicaragua vom extremen Reichtum weniger Familienclans bis zum Elend der Mehrheit: Arbeitslosen, Tagelöhnern, alleinerziehenden Müttern, Alten oder Kleinbauern, die ihren Kindern nicht einmal eine Mahlzeit am Tag garantieren können.

Dem Pro-Kopf-Einkommen von ca. DM 50 monatlich stehen hohe Lebenshaltungskosten gegenüber. Für eine vierköpfige Familie beträgt der Preis für einen Warenkorb zur Zeit etwa DM 200. Eltern wissen sich häufig nicht anders zu helfen, als ihre Kinder zum Broterwerb auf die Straße zu schicken.

Das Heer der Straßenkinder - die sich selbst keineswegs als Straßenkinder, sondern als Kinderarbeiter verstehen -, wächst in Managua und allen größeren Städten. Mit Scheibenwischen oder dem Verkauf von Kleinigkeiten verdienen sie notdürftig ihren Unterhalt, Abgasen, Sonne, Regen und den Launen der Autofahrer ausgesetzt.

Auch das Lohnniveau von Staatsangestellten wie Lehrern und Polizisten ist derart niedrig, daß sich viele zu Nebenerwerbstätigkeiten gezwungen sehen. Aus dem gleichen Grund wird das Laster der Bestechlichkeit in Nicaragua ebenso häufig praktiziert wie angeprangert.

Machismo

Die Überlegenheit des männlichen Geschlechts ist auch in Nicaragua ein Wahn, dem nicht nur Männer aller politischen Schattierungen frönen. Auch viele Mütter, die keine anderen Gesellschaftsstrukturen kennen, erziehen ihre Söhne zu verwöhnten Haustyrannen.

Heirat ist ein Akt der Bindung, auf den sich besonders in der Unterschicht nur die wenigsten Männer festlegen mögen, was sie nicht hindert, möglichst vielen Frauen möglichst viele Kinder zu machen. Als vorbildlich wurde 1995 anläßlich des Vatertags in einem Artikel der sandinistischen *Barricada* ein Vater hingestellt, der mit 4 Frauen 52 Kinder gezeugt hat. Abtreibung ist im katholischen Nicaragua nach wie vor verboten.

Obwohl sie per Gesetz zum Unterhalt verpflichtet sind, gelingt es Vätern auch heute noch, sich vor der Verantwortung zu drücken, z.B. indem sie den Arbeitsplatz wechseln und damit unauffindbar werden.

Zwar gibt es inzwischen zunehmend Frauen in gehobenen Positionen, zwar war das letzte Staatsoberhaupt eine Frau, doch herrschen sowohl in der Politik als auch in sonstigen führenden Positionen Männer noch unangefochten vor. Im Kabinett des Präsidenten Arnoldo Alemán sind unter 45 Ministern und Vizeministern 3 Frauen vertreten, in den führenden Positionen der staatlichen Betriebe und Institutionen sind unter 54 Direktoren und Vertretern 2 weiblich.

Maße und Gewichte

Neben dem Dezimalsystem werden in Nicaragua folgende Maßeinheiten benutzt:

onza (Unze)	28,34 Gramm	*vara* (Elle)	0,91 m
libra (Pfund)	460 Gramm	*manzana*	6987,34 m²
pulgada (Zoll)	2,54 cm	*galón* (Gallone)	3,786 l

Medien

Täglich erscheinen in Nicaragua vier **Zeitungen**: *Barricada*, die Zeitung der FSLN (*Frente Sandinista de Liberación Nacional*), *La Prensa*, im Besitz der Familie Chamorro, *El Nuevo Diario*, das die Politik des MRS (*Movimiento Renovador Sandinista*) von Sergio Ramírez vertritt. Bei diesen drei Zeitungen hatten noch bis vor kurzem Mitglieder der Familie Chamorro Schlüsselpositionen inne. So spiegeln die Medien wieder, wie die politischen Ansichten nicht nur das Land, sondern auch die Familien gespalten haben. Neben dem Chamorro-Imperium behauptet sich mühsam die *Tribuna* des konservativ orientierten Herausgebers Haroldo Montealegre.

Will man sich ein ausgewogenes Bild vom Tagesgeschehen in Nicaragua machen, muß man sie alle lesen, da die vier Tageszeitungen ebenso viele verschiedene politische Linien vertreten und sich in ihrer Berichterstattung mehr von Engagement als von Objektivität leiten lassen.

Nach wie vor ist für die Information der breiten Masse in erster Linie das **Radio** zuständig, das mit seinen 72 Sendern im ganzen Land und ständig läuft, vor allem da, wo Zeitungen nicht erhältlich sind. Außerdem gibt es private Fernsehkanäle und Kabelfernsehen.

An **deutschen Zeitungen** ist gelegentlich eine hoffnungslos veraltete Ausgabe des *Spiegel* im Supermarkt *"La Colonia"* erhältlich. US-amerikanische Zeitungen und Zeitschriften gibt es ebenfalls dort sowie am Flughafen und im Interconti.

Öffnungszeiten

Banken öffnen in der Regel von 8:30 bis 16:00 und manche auch Samstag vormittags.

Lebensmittelgeschäfte sind tagsüber, manche auch 24 Stunden am Tag geöffnet.

Für **Apotheken** gibt es nachts und an den Wochenenden einen Notdienst, der in den Zeitungen veröffentlicht wird.

Restaurants schließen freundlicherweise erst dann, wenn die letzten Gäste gehen.

Parteien

Bei den letzten Wahlen am 20. Oktober 1996 stellten sich 24 Parteien, bzw. Wahlbündnisse den Wählern. Das Parteienspektrum reicht von der kleinen kommunistischen Partei *PCdeN* (*Partido Comunista de Nicaragua*, knapp 5000 Stimmen), über die Partei der ehemaligen Contra *PRN* (*Partido de Resistencia Nacional Nicaragüense*, knapp 6000 Stimmen), die Abspaltung von der Sandinistischen Partei *MRS* (*Movimiento Renovador Sandinista* unter Sergio Ramirez, knapp 1500 Stimmen), bis zur *FSLN* (*Frente Sandinista de Liberación Nacional* - Sandinistische Befreiungsbewegung unter Daniel Ortega, knapp 670.000 Stimmen) und der siegreichen Partei *AL* (*Alianza Liberal*, über 900.000 Stimmen), die unter dem derzeitigen Präsidenten Arnoldo Alemán ein politisches Programm verfolgt, das Oppositionelle fatal an die Ideologie der verhaßten Somoza-Diktatur erinnert.

Petroglyphen

Petroglyphen, in Felsbrocken oder Felswände geritzte Zeichnungen, finden sich in ganz Nicaragua. Man schätzt ihr Alter auf etwa 1000 Jahre. Die wenigsten sind bisher erforscht oder auch nur anderen Bewunderern als den Bauern bekannt, die sie auf ihren Feldern entdeckt haben. Die verschiedensten Motive sind mehr oder weniger von Witterungseinflüssen verwischt oder von Pflanzen überwuchert im Basaltgestein festgehalten: federgeschmückte Köpfe, Strichmännchen mit überdimensionalen Geschlechtsorganen, rätselhafte Ornamente, Fische, die gefiederte Schlange *Quetzalcoatl* und immer wieder Affen.

☺ Leicht zu finden sind eindrucksvolle Felszeichnungen auf der Insel ☞ **Ometepe** und auf dem Steinplateau der **Isla del Muerto** im Nicaragua-See.

Polizei

- ♦ Notruf ☎ 118
- ♦ Verkehr ☎ 119

Die Polizei ist in dem armen Land mit so wenig Mitteln ausgestattet, daß es Einsatzwagen an Benzin fehlen kann. Notrufe sind daher nicht immer erfolgreich.

Sollten Sie das Pech haben, an einem **Unfall** beteiligt zu sein, müssen Sie Ihr Fahrzeug am Unfallort stehen lassen - auch wenn der Verkehr zum Erliegen kommt! - und die Polizei rufen. Sie müssen mit langen Wartezeiten rechnen, bevor eine Patrouille erscheint. Auch wenn Sie unschuldig sein sollten, wird Ihnen der Führerschein erst mal abgenommen (und später zurückgegeben).

☺ Da von den Unfallgegnern meist nichts zu holen ist, ist es bei reinen Blechschäden eventuell ratsamer, auf die Polizei zu verzichten.

✋ Sollten Sie in die Verlegenheit kommen, mit Polizisten verhandeln zu müssen, bleiben Sie freundlich und geduldig und machen Sie keine Bestechungsversuche, die unter Umständen schwer geahndet werden.

Post und Telefon

✿ Post *(Correo)*

Postämter sind Mo bis Fr von 7:00 bis 19:00, Sa von 7:00 bis 12:00 geöffnet.

Luftpostbriefe und Postkarten nach Europa kosten ca. C$ 10 und sind 4 bis 14 Tage (manchmal auch länger) in beiden Richtungen unterwegs. Sendungen, die mit Klebestreifen zugeklebt sind, werden aus mir unerfindlichen Gründen zurückgewiesen.

Mit der Aufschrift *"Lista de Correos"* können Sie sich ihre Post an die Postämter schicken lassen. Solche Sendungen werden mindestens vier Wochen aufbewahrt und mit größerer Wahrscheinlichkeit ausgehändigt, wenn Sie der Angestellten Ihren exotischen Namen in Klarschrift aufschreiben.

☎ Telefon

- ☎ 112 Auskunft National.
- ☎ 114 Auskunft International.
- Vorwahl nach Deutschland: ☎ 0049 (die 0 der Vorwahl auslassen).
- Vorwahl von Deutschland aus: ☎ 00505.
- Deutschland-Direkt aus Nicaragua: ☎ 169.

Ferngespräche sind in größeren Städten von jedem privaten Telefon, in kleineren Orten evtl. nur vermittelt vom *Telcor*-Gebäude (Telefongesellschaft) und in manchen Orten überhaupt nicht möglich, weil es dort kein Telefon gibt.

Jede Provinz *(departamento)* hat ihre eigene Kennzahl (*número de entrada*). Für Ferngespräche innerhalb Nicaraguas wählen Sie vor der Kennzahl eine 0.

Auf neueren Formularen sind alle Nummern in Nicaragua inzwischen 7-stellig angegeben, auf älteren teilweise nur 4-stellig. Sie haben z.B. die Nummer 3275 in León und wollen von Managua aus anrufen. Sie wählen 0 (Ferngespräch) 311 (Vorwahl von León) 3275 (Nummer des Teilnehmers), also 0 311 3275. In León selbst wählen Sie: 311 3275.

Eine Minute nach Deutschland kostet C$ 18 (ca. DM 3,20); in der Woche und nachts billiger. Ortsgespräche kosten von öffentlichen Fernsprechern aus C$ 1,25/Min. In Restaurants und Hotels werden Gebühren bis zu C$ 10 erhoben.

Preise

Wer den heimatlichen Standard beibehalten will, muß mit heimatlichen Preisen für Mahlzeiten und Unterkunft rechnen. Wer sich dem volkstümlichen Lebensstandard anpaßt, kann in Nicaragua auch billig leben.

Taschenlampen, Rucksäcke, Sonnencreme, Kosmetika und Elektrogeräte sind mindestens so teuer wie in Deutschland. Fleisch, Obst, Kunsthandwerk, Transport, Dienstleistungen und Grundnahrungsmittel sind billiger.

☺ In vielen Restaurants, Geschäften und Hotels sind Nettopreise angegeben, um Kunden nicht zu verschrecken. Erkundigen Sie sich, ob die 15% Mehrwertsteuer bereits im Preis enthalten sind.

Zu den Preisen für Unterkunft und Essen ☞ dort.

Reiseagenturen und Tourismus

Nicaragua war bis zum Wahlsieg von Violeta Chamorro 1990 eher ein Reiseland für Polittouristen und Abenteurer als für Naturfreunde oder erholungsuchende Sonnenanbeter. Inzwischen werden sich die Nicas zunehmend der Attraktion bewußt, die Nicaraguas landschaftliche Schönheit und die Vielfalt seiner Fauna und Flora auf ausländische Besucher ausüben. Staat und Privatunternehmer machen entsprechende Anstrengungen, eine touristische Infrastruktur aufzubauen und das Land als Urlaubsziel auf internationalen Tourismusmärkten bekannt zu machen.

Den Massentourismus ins Land zu locken, ist ihnen noch nicht gelungen. Touristen, die über ausländische Reiseveranstalter gebucht haben, machen meist nur von Costa Rica aus Abstecher ins Land der Seen und Vulkane.

Seit 1990 wuchsen die Deviseneinkünfte durch Tourismus um jährlich 33% und belaufen sich inzwischen auf ca. US$ 50 Mio jährlich. Das entspricht fast einem Viertel des Exporterlöses.

In Deutschland haben folgende Reiseagenturen im Rahmen von Mittelamerikareisen Ausflüge nach Nicaragua im Programm:

♦ **Studiosus**, München, ☎ 089/201942, FAX 089/5021541.
♦ **Meier's Weltreisen**, Parsevalstr. 7b, 40468 Düsseldorf, FAX 0211/9078-345 o. -346.
♦ Auch folgender Verein organisiert Nicaraguareisen: **Von Küste zu Küste - Solidarität mit der Atlantikküste Nicaraguas e.V.**, Helmut Balzersen, Kirchenweg 40, 24143 Kiel, ☎/FAX 0431/74916, e-mail: balzersen@bits-at-work.de, Internet: http:\\www.bits-at-work.de/nicaragua/

Nationale Agenturen, die Ausflüge im Inland organisieren:

♦ **Careli Tours**, Managua, Apartado Postal C-134, ☎ national 2786934, FAX 2782574.
♦ **Oro Travel** (deutschsprachig), Granada, Apartado Postal 69, ☎ national 5524568, FAX 5526512 oder Managua 276 22 88, 🖳: orotravl@tmx.com.ni. Als einzige Reiseagentur vermittelt Oro Travel auch Ausflüge in die Moskitia!

Reisen im Land

Auto

Der internationale Führerschein wird anerkannt. Theoretisch gelten auch internationale Verkehrsregeln. Daneben regiert das Recht des Stärkeren.

☝ Eine Sonderregel besagt, daß man beim Abbiegen die Spur nicht wechseln darf. Auch Ausländer werden bestraft, wenn sie diese Regelung nicht beachten.

Da viele Fahrer Autodidakten sind, sollten Sie sich auf unkonventionelle Fahrweise einstellen. Vermeiden Sie Nachtfahrten lieber ganz, denn Randmarkierungen und Mittelstreifen sind die Ausnahmen, und parkende Fahrzeuge, Menschen oder Tiere tauchen urplötzlich als unbeleuchtetes Hindernis auf Ihrer Fahrspur auf.

Außerhalb Managuas sind einige Straßen noch unbefestigt oder in schlechtem Zustand (Schlaglöcher). Sollten Sie von den Hauptstraßen abweichen wollen, kommen Sie mit einem Allradfahrzeug sorgloser ans Ziel.

Der Preis für einen **Mietwagen** mit Allradantrieb liegt zur Zeit bei ca. US$ 60 (bis 150 km frei), dazu kommt die freiwillige, unbedingt empfehlenswerte Versicherung mit ca. US$ 20 täglich.

Voraussetzungen: mindestens 23 Jahre alt, gültiger internationaler Führerschein, Besitz einer Kreditkarte (Visa, Master Card).

- **Auto Express:** Im Flughafen, ☎ 233 1624-27; außerdem im Hotel Interconti, 2 cuadras al Lago, 10 varas abajo, ☎ 222 3816, FAX 228 4144.
- **Budget:** Im Flughafen, ☎ 263 1222; Im Hotel Interconti, ☎ 222 2336.
- **Targa:** Im Flughafen, ☎ 233 1176; Im Hotel Interconti, ☎ 222 4875.
- **Toyota:** Im Flughafen, ☎ 233 2192; Im Hotel Interconti, ☎ 222 2269; Im Hotel Camino Real, ☎ 263 2358; Auf der Insel Ometepe, ☎ 45-94276.

Benzinpreise: 1 Gallone (ca. 3,7 l) Super C$ 23, Normal C$ 21, Diesel C$ 11. Ein Netz von **Tankstellen** zieht sich über das ganze Land.

✈ Flugzeug

Neben dem internationalen Flughafen in Managua gibt es begrünte Landepisten für den nationalen Flugverkehr in: Bonanza, Rosita, Siuna, El Viejo, Puerto Cabezas, Nueva Guinea, Bluefields, San Carlos, Corn Island.

✱ Bei Flügen nach Bluefields und Corn Island muß man evtl. den Paß vorlegen.

✱ Bei Inlandsflügen werden in Managua evtl. geringe Flughafengebühren erhoben. Inlandsflüge kosten im ganzen Land ca. US$ 50 für eine Strecke.

 **Bus**

Bis vor wenigen Jahren gab es in Nicaragua eine Eisenbahn, deren Betrieb jedoch eingestellt wurde. Überall, wo Straßen vorhanden sind, verkehren heute Busse.

Die **Preise** sind niedrig (Kosten für 100 km ca. US$ 1) - je länger die Strecke, desto billiger - und werden deswegen hier nicht detailliert angegeben. Auch die Abfahrtszeiten sind hier nicht aufgeführt, da sie sich ständig ändern. Man kann aber davon ausgehen, daß zwischen den größeren Ortschaften ca. stündlich und zu kleineren Ortschaften mehrmals täglich irgendein öffentliches Verkehrsmittel fährt (Bus, Lastwagen, Lieferwagen, Schiff).

Die **Überlandbusse**, zumeist mit Menschen, Tieren und Lasten hoffnungslos überfüllt, halten nach Bedarf. Wer aussteigen will, signalisiert das rechtzeitig dem Fahrer oder dem Schaffner.

Die Abfahrtszeiten der Überlandbusse richten sich oft nach der Anzahl der Passagiere: Die Busse fahren ab, sobald sie voll sind. Es empfiehlt sich daher zumindest in größeren Städten, eine Stunde vor der geplanten Abfahrt fest auf seinem Platz zu sitzen.

Auf einigen Strecken im Umland Managuas verkehren **Kleinbusse** *(Expresos)*, in denen man für einen etwas höheren Preis bequemer und schneller reist. Hier bekommt man einen Sitzplatz, und der Bus hält unterwegs nicht an.

Es gibt zwei Busgesellschaften, die **internationale Strecken** bedienen:

✳ Der komfortable *Tica-Bus* fährt schnell, preiswert und ohne Zwischenstop die Hauptstädte und einige größere Städte Zentralamerikas an. Ausländer müssen den Fahrpreis in Dollar entrichten!

◆ **Büro in Managua:** Barrio Bolonia, Donde fue El Cine Dorado 2 c. arriba, ☏ 222 20 96 o. 222 30 31.
Abfahrt: tägl. 5:00 nach El Salvador, US$ 25, Fahrtdauer ca. 12:00 Std;
tägl. 5:30 nach San José/Costa Rica, US$ 15, Fahrtdauer ca. 12:00 Std.

✳ *Transnica*, ebenso komfortabel, preiswert und schnell, fährt täglich von Managua nach Costa Rica.

◆ **Büro in Managua:** De Los Semáforos Repuestos La 15, 150 v. al Este.
☏ 2782090.
Abfahrt: tägl. 7:00, Ankunft gegen 16:00, US$ 15.

Busbahnhöfe finden Sie in allen Städten in unmittelbarer Nähe der Märkte, wo die meisten Fahrgäste beladen ankommen und beladen abfahren.

🚗 Taxis

Recht preiswerte - und klapprige - Taxis fahren in allen Städten. Die (festen) Tarife sollte man bei Ortskundigen erfragen und vor der Abfahrt mit dem Fahrer vereinbaren. Eine Stadtfahrt in Managua kostet derzeit etwa US$ 2 pro Person. Der Preis gilt pro Kopf, nicht etwa pro Auto. Taxometer sind unbekannt. Teuer können Transporte zu außerstädtischen Zielen wie Flughäfen, Sehenswürdigkeiten etc. werden. Dann gilt der *Chele*-(Ausländer-)Tarif, der sich nach Ihrem Verhandlungsgeschick richtet.

☺ Erschrecken Sie nicht, wenn Ihr Fahrer unterwegs noch jemanden zusteigen läßt. Das ist hier so üblich.

Autostop

"El Raid" ist in Nicaragua neben dem öffentlichen Transport das verbreitetste Transportmittel für Kurz- und längere Strecken. Man hält den Daumen raus und beteiligt sich an den Fahrtkosten (vor Fahrtantritt vereinbaren!) Oft bekommt man dafür einen Sitz- oder Stehplatz auf der offenen Ladefläche eines Lieferwagens angeboten, was ein aufregendes Reiseerlebnis (und einen Sonnenbrand) bescheren kann.

Reisezeit

Die kühlsten Monate sind Dezember, Januar und Februar. Dann sinken die Temperaturen, die tagsüber bei ca. 25 °C liegen, nachts unter 20 °C. Die Luftfeuchtigkeit ist niedriger, das Land ist grün, Regenfälle sind selten.

März und April sind die heißesten Monate. Die Tagestemperaturen steigen über 35 °C. Spazierengehen empfiehlt sich nur in den frühen Morgen- und späten Nachmittagsstunden.

Im Mai beginnt der "Winter", die Regenperiode. Das heißt aber nicht, daß es Bindfäden gießt. Die Luftfeuchtigkeit ist hoch, es regnet gelegentlich heftig, aber nicht lange. Überall sproßt junges Grün.

Canícula (Hundstage) oder *veranillo* (kleiner Sommer) wird die Zeit vom 15.07. bis 15.08. genannt. Dann sind Regenfälle selten.

Im September und Oktober, bis in den November hinein, kann es Regenfälle geben, die tagelang andauern. Für Überlandreisen eine schlechte Zeit, da unbefestigte Straßen schlammig werden und Flüsse, die man zur Trockenzeit problemlos durchfährt, zu unüberwindlichen Hindernissen werden.

Nicaraguaner machen ihren Urlaub hauptsächlich zu Beginn des Sommers (also in der Osterwoche) und zum Jahresende. Zu dieser Zeit sind die sonst einsamen Strände bevölkert. Man sollte sich rechtzeitig eine Unterkunft reservieren, da die Hotelkapazitäten begrenzt sind.

(☞Land und Leute: Klima)

Sicherheit

Die große Mehrheit der Nicaraguaner ist sehr freundlich, ehrlich und außerordentlich hilfsbereit. Doch wie überall in der Welt hat sich auch hier in letzter Zeit die Zahl der Übergriffe auf fremdes Eigentum erhöht.

Um nur gute Erinnerungen mit nach Hause zu nehmen, halten Sie sich an folgende Ratschläge:

✻ Lassen Sie Ihr Gepäck nie unbeaufsichtigt.
✻ Heben Sie Dokumente und Geld getrennt auf.
✻ Gehen Sie nicht nachts in Managua spazieren. In anderen Städten erkundigen Sie sich beim Hotelpersonal, wie sicher die Straßen sind.
✻ Verriegeln Sie Ihr Auto unterwegs auch von innen und schließen Sie die Fenster an Ampeln und in Staus.
✻ Lassen Sie kein Gepäck im Auto. Wenn Sie aussteigen, behalten Sie den Wagen in Sichtweite. Meist wird sich jemand anbieten, Ihr Auto zu bewachen. Nehmen Sie das Angebot an.
✻ Lassen Sie Ihren Goldschmuck oder Imitate zu Hause.
✻ Halten Sie Ihre Kamera fest.
✻ Gehen Sie nicht allein am Strand spazieren und übernachten Sie nicht unter freiem Himmel.
✻ Wechseln Sie Ihr Geld möglichst in *Casas de Cambio*.

In den schwer zugänglichen Gebieten des Nordens und Nordostens hausen noch Banden von Wiederbewaffneten beider Bürgerkriegsfronten mit derzeit ca. 500 Mitgliedern. Sie müssen ja nicht dahin fahren...

Trinkgeld

Bei den bescheidenen Löhnen des Personals ist ein Trinkgeld immer willkommen. In Restaurants können Sie etwa 10% der Rechnung geben. Bei manchen Restaurants ist das Trinkgeld schon auf der Rechnung aufgeführt. Koffertragen, Autohüten etc. können Sie mit C$ 5 entgelten. Auch mehr wird angenommen.

Umgangsformen

Die in Deutschland übliche Wesensart, seinem Unmut unverhohlen und lautstark Ausdruck zu verleihen, kann bei Gesprächen mit Einheimischen wirken wie die Axt im Walde. In Nicaragua geht man sehr respektvoll miteinander um und formuliert Kritik so verblümt, daß der Gescholtene sein Gesicht wahren kann.

Als ziemlich brüskierend gilt es auch, mit der Tür ins Haus zu fallen. Das eigentliche Anliegen, und sei es noch so dringend, äußert man erst nach ein paar einleitenden Höflichkeitsfloskeln. Bei flüchtigen Kontakten wie Einkauf, Behörden, Taxi etc. genügt ein Gruß. Haben Sie es mit Bekannten oder gar Freunden zu tun, erkundigen Sie sich zusätzlich nach dem Wohlergehen Ihres Gesprächspartners und seiner Familie.

Unhöflich ist es, eine Bitte abzuschlagen. Auch wenn Ihnen der 16. Straßenhändler oder die 27. Losverkäuferin unbedingt ihre Ware andrehen will - schütteln Sie freundlich den Kopf. Kinder, die um Geld bitten, vertrösten Sie mit einem *"mañana"*, morgen. Auch Ihre Wünsche wird ein wohlerzogener Nica selten ablehnen, sondern zunächst einmal höflich Ja sagen, auch wenn Nein gemeint ist. Die Nuancen in Ausdruck und Tonfall richtig zu deuten, lernen Sie, wenn Sie Land und Leute besser kennen.

Redensarten wie "Zeit ist Geld" entlocken im Land der Arbeitslosen und Unterbeschäftigten Ihrem Gesprächspartner allenfalls ein freundliches Lächeln. Wenn man hier etwas reichlich hat, dann ist es Zeit und folglich auch ein beneidenswerter Vorrat an Geduld.

Pünktlichkeit ist eine von auswärts eingeführte Tugend, die in Nicaragua wenig Jünger hat. Bei Abfahrtszeiten, Übereinkünften mit Ihrem Reiseleiter oder geschäftlichen Terminen sollten Sie jedoch zu Ihrem eigenen Vorteil die vereinbarte Zeit einhalten.

Wer in einer Großfamilie in beengten Räumlichkeiten aufwächst und im Bus dichtgedrängt steht, hat keine Berührungsängste. Die Leute fassen sich gerne an, umarmen und küssen sich, auch wenn sie sich kaum kennen.

Umweltverschmutzung

Ein trauriges Kapitel soll hier nicht verschwiegen werden: Uns Nordeuropäer, die man von Kind auf gedrillt hat, auch noch das kleinste Bonbonpapierchen bis zum nächsten Abfalleimer zu tragen, empört es, zuzusehen, mit welcher Selbstverständlichkeit Plastiktüten, Getränkedosen und ähnlicher Unrat aus Busfenstern und Haustüren in die Landschaft fliegt.

Nehmen Sie es den Nicas nicht übel. Die Plastik- und Dosenwelle überschwemmt Nicaragua erst seit wenigen Jahren. Die Umstellung alter Gewohnheiten braucht ihre Zeit. Gerade auf dem Land, wo der Hausmüll bis vor kurzem nur aus Orangen- und Bananenschalen und zerbrochenen Tongefäßen bestand, wird es noch dauern, bis die Menschen begriffen haben, daß Dosen nicht düngen.

Unterkunft

In einfachen **Hotels**, wo selten ausländische Touristen verkehren, werden Sie aufgenommen wie ein Familienmitglied. Das kann auch heißen, daß man sich Ihretwegen keine besonderen Umstände macht. Spielen Sie mit und tragen Sie Ihre Sonderwünsche (wie Trinkwasser oder ein Handtuch) freundlich vor. Man wird sie gern erfüllen.

Bis auf wenige Hotels der gehobenen Klasse sind die Unterkünfte in Nicaragua eher auf nationalen Tourismus eingestellt. Klimaanlagen findet man deswegen nur in teuren Hotels, in einfachen Unterkünften gibt es Ventilatoren.

☺ Neben dem Moskitonetz empfehlen sich als **Reiserequisiten**: Toilettenpapier, Taschenlampe und Kerze.

Außer Hotels gibt es *Hospedajes*, kleinere Unterkünfte mit Gemeinschaftsbad, die ebenso einfach wie preiswert sind.

✋   *Motels* sind nicht etwa Raststätten für müde Autofahrer, sondern Liebesnester nicht nur für heimliche Pärchen, sondern auch für Eheleute, die das Schlafzimmer mit dem Nachwuchs teilen müssen.

Die **Preise** betragen in einfachen Hotels ab C$ 25/DZ, in der Mittelklasse (mit niedrigem Standard) ab C$ 100/DZ, in der oberen Kategorie C$ 500 bis 1500/DZ. Einzelzimmer sind kaum preiswerter als Doppelzimmer. In den meisten Hotels gibt es auch Drei-, Vier- und Mehrbettzimmer. Ihr Frühstück müssen Sie zusätzlich bezahlen.

☺   Erkundigen Sie sich, ob die Mehrwertsteuer *(impuesto)* im Preis eingeschlossen ist, da sie andernfalls mit zusätzlichen 15% kräftig zu Buche schlagen kann.

Noch eins: Daß Strom und/oder Wasser gelegentlich stundenlang ausfallen, gehört zum Alltag. Das Hotel kann nichts dafür. Wohl aber vorsorgen. Lassen Sie sich bei trockener Dunkelheit mit einem Eimer Wasser und einer Kerze trösten. Meist geht man in Nicaragua sowieso früh schlafen.

Verständigung

Egal, welche Sprache Sie sprechen: Man wird sich bemühen, Sie zu verstehen. In größeren Hotels und an der Atlantikküste spricht man Englisch.

Die meisten Nicas sprechen jedoch nur Spanisch. Versuchen Sie es auch! Und wenn es noch so holprig ist, die Einheimischen freuen sich über Ihre Bereitschaft zur Anpassung.

Die wichtigsten Ausspracheregeln

c	vor a, o, u sprich ka, ko, ku
	vor e und i sprich ße und ßi
ch	sprich tsch wie in Knatsch
g	vor a, o, u sprich ga, go, gu
	vor e und i wie ch in noch
h	wird nicht ausgesprochen
j	wie ch in auch
ll	wie j in Jaguar
ñ	wie gn in Kampagne

y	vor Selbstlauten wie j in jeder alleinstehend wie i
z	wie s in Seide
s	verschluckt man meist. Aus den *Costeños* (Bewohner der Atlantikküste) werden *"coteño"* und aus *Las Islas* werden *"laisla"*.

Sobald man sich ein bißchen kennt, benutzt man die Anredeform *vos*, eine ursprünglich respektvolle spanische Anrede, zusammengezogen aus *vuestra* und *Merced* (Euer Gnaden). Dazu gehört eine Verbform, deren Gebrauch zu erklären den Rahmen dieses ReiseHandbuchs sprengen würde (☞ Literatur: Bücher).

Betonung

Wörter, die auf einen Vokal oder auf n oder s enden, werden auf der vorletzten Silbe betont, alle anderen auf der letzten. Abweichende Betonung wird durch einen Akzent angezeigt.

Wichtige Redewendungen und Vokabeln

Guten Tag!	¡Buenos días! (bis mittags um 12:00)
Guten Abend!	¡Buenas tardes! (Nach Einbruch der Dunkelheit: !Buenas noches!)
Wie geht's Ihnen?	?Cómo está?
Auf Wiedersehen!	¡Adios!
Entschuldigen Sie bitte...	disculpe...
Verzeihung	¡Perdón!
es gibt	hay
ja	si
nein	no
aber	pero
nichts	nada
wo?	?dónde?
wann?	?cuándo?
wieviel	?cuánto?
was kostet	?cuánto vale?
Preis	precio
viel	mucho
wenig	poco
Geld	dinero

Arzt	médico
krank	enfermo
Essen	comida
Toilette	baño
Wasser	agua
Bus	bus
Haltestelle	parada
Taxi	taxi
Auto	carro
Hotel	hotel
Zimmer	habitacion
Restaurant	restaurante
Bett	cama
heute	hoy
morgen	mañana
verboten	prohibido
Freund	amigo
deutsch	alemán
Schweizer	suizo
Österreicher	austríaco
Botschaft	embajada
Telefon	teléfono
Kerze	vela

Zahlen

1	uno
2	dos
3	tres
4	cuatro
5	cinco
6	seis
7	siete
8	ocho
9	nueve
10	diez
11	onze
12	doce
13	trece
14	catorze
15	quinze

16	dieciséis
17	diecisiete
18	dieciocho
19	diecinueve
20	veinte
21	veintiuno
30	treinta
31	treinta y uno
40	cuarenta
50	cincuenta
60	sesenta
70	setenta
80	ochenta
90	noventa
100	cien
1000	mil

Orientierung

este	Osten
oeste	Westen
norte	Norden
sur	Süden
arriba	Osten (eine indianische Orientierung, die die Richtung bezeichnet, wo die Sonne aufgeht)
abajo	Westen (entsprechend: wo die Sonne untergeht)
al lago	zum See hin, also nach Norden
una vara (v.)	knapp 1 Meter
una cuadra (c.)	ein Häuserblock, bzw. die Entfernung bis zur nächsten Querstraße (auch auf dem Land)
al tope	am Ende
donde fue...	wo (vor dem letzten Erdbeben) ...stand
frente a	gegenüber von
costado	Seite
casa	Haus
calle	Straße
semáforo	Ampel

plaza	Platz
barrio	Viertel
dirección	Adresse
al lado de, contiguo a	neben
mercado	Markt
puente	Brücke
iglesia	Kirche

Zeitverschiebung

Der Zeitunterschied zu MEZ Winterzeit beträgt -7:00 Std., zur Sommerzeit - 8:00 Std.

Zollbestimmungen

Zollfrei eingeführt werden dürfen neben Dingen des persönlichen Bedarfs an "Genußmitteln" 20 Päckchen Zigaretten oder 50 Zigarren oder ein halbes Pfund Tabak sowie 3 Liter Spirituosen.

Managua und Umgebung

Managua

820.000 Ew., ⇧ 40 bis 200 m

ℹ Information für Touristen ist leider noch recht spärlich. Das *Ministerio de Turismo* verkauft, wenn sie nicht gerade ausgegangen sind, Stadtpläne, mit denen man sich leidlich orientieren kann, und gibt Auskunft über Hoteladressen (keine Garantie für Qualität).
Ministerio de Turismo, Barrio Bolonia, del Hotel Interconti 1 c. al Oeste, 172 c. al Sur, ☎ 222 6652, Mo bis Fr 🕗 8:00 bis 12:30 u. 13:30 bis 17:00.

✉☎ Am Nordende der Av. Bolívar im Palacio de Comunicaciones. Mo bis Fr 🕗 7:00 bis 19:00, Sa 7.00 bis 12.00. Am Eingang werden Handtaschen auf Waffen kontrolliert.

🏦 Geldwechsel (Casas de Cambio).

◆ Buro Internacional de Cambio S.A., Rotonda el Güegüense 200 v. al Sur, ☎ 2663296.

◆ Multicambio, Costado Este de Plaza España, ☎ 2668407.

◆ Multivalores, 4,5 km Carretera a Masaya, ☎ 2670496.
Mo bis Fr 🕗 8:30 bis 16:00, Sa 8:30 bis 12:00.

🛏 In Managua findet man als Einzelreisender ganzjährig problemlos ein Zimmer. Reservieren sollten Sie allerdings, wenn Sie Ostern oder Weihnachten in Managua verbringen wollen, da dann viele in die USA ausgewanderte Nicas ihrer Heimat die Ehre erweisen und die Hotels füllen.
Luxuskategorie (Zimmer mit Bad, TV, Telefon, AC, Warmwasser; Swimming Pool):

◆ Intercontinental, Avenida Bolívar im Stadtzentrum, ☎ 2283532 o. -9; 210 Zimmer, DZ US$ 110 bis 245.

◆ Camino Real, 9,5 km, Carretera Norte (Flughafennähe), ☎ 2631381 o. -5; 117 Zimmer, DZ US$ 90 bis 110.

◆ Las Mercedes, 11 km, Carretera Norte (gegenüber vom Flughafen), ☎ 2631011 o. -28; 310 Zimmer, DZ ab US$ 60.

◆ César, 8,5 km, Carretera Sur, ☎ 2652728; 20 sehr hübsche Zimmer, DZ ab US$ 55. (Schweizer Geschäftsführer; ausgezeichnet geführt und als einziges Hotel der Luxusklasse häufig ausgebucht!)
Mittlere Kategorie (Zimmer mit Bad, TV, AC):

◆ Ticomo, 8,5 km, Carretera Sur, ☎ 2651529; 60 Zimmer, DZ ab US$ 45. (Die Zimmer wirken eher wie Abstellräume, dafür entschädigt der große tropische Garten).

◆ La Fragata, (im Stadtzentrum), Del Cine Cabrera 3 c. al Este, 20 v. al Norte, ☎ 2224179; 10 Zimmer, DZ US$ 40. Gepflegt, ruhig und freundlich.

◆ El Hotelito, Costado Norte Parque el Carmen, ☎ 2662756, 16 zweckmäßig eingerichtete Zimmer, DZ US$ 25 bis 38.
Einfache Unterkünfte (Hotel oder Hospedaje) im Zentrum in der Nähe des Tica-Bus-Büros:

◆ Hotel Sultana, unmittelbar am Tica-Bus-Büro, ☎ 2223031; 10 einfache Zimmer, Vierbettzimmer mB US$ 24, EZ oB US$ 6, DZ oB US$ 12. Gepflegt, ruhig: die Betten hängen ein bißchen durch.

- Casa de Huespedes, Barrio Wiliam Díaz, Calle 27 de Mayo, ☎ 2281236, DZ mB und Ventilator (ohne Fenster) US$ 20.
- Hospedaje El Jardín de Italia, Barrio Marta Quezada, del Tica Bus 1 c. arriba, 1/2 c. al Lago.; DZ mB US$ 14 mit Ventilator, US$ 24 mit AC. Sauber, hell, freundlich.
- Hospedaje El Dorado, Barrio Marta Quezada, de la Central Sandinista de Trabajadores 3 c. al Sur y 1/2 c. al Este. ☎ 2226012. Acht sehr einfache, saubere DZ mB oder oB C$ 35/Person in familiärer Atmosphäre mit der schmalsten Duschzelle des Landes.
- Casa de Huespedes San Juan, Reparto San Juan, Calle La Esperanza Nr. 560, ☎ 2783220; DZ ca. US$ 15. Familiär, sauber. In der Nähe der UCA (Universidad Centroamericana).

Selbstversorger

- Las Casitas der deutschen Goldschmiedin Monika Fredebrecht, detrás de la Radio Universidad, ☎ 08823829. Vier ruhig gelegene, geschmackvoll eingerichtete Häuschen mit Kochecke und Bad, Ventilator, Telefonbenutzung. 2 bzw. 4 Betten; US$ 20/pro DZ; Preisnachlaß für Dauergäste.

✕ **Essen**

Vom Imbißstand an der Straße *(fritanga)* über den Mittagstisch *(comedor)* bis zum feinen Restaurant mit Fünf-Gänge-Menü und bestem spanischem Wein ist alles vertreten.

Nationale Küche, d.h. in erster Linie gut zubereitetes Fleisch (Steak, Filet, Fleischspieß etc.) oder Fisch und Meeresfrüchte mit Salat, Reis und Pommes Frites (Hauptgericht ca. C$ 120):

- Los Ranchos, 3,5 km Carretera Sur.
- San Juan de la Selva, 7 km, Carretera a Masaya.
- Sacuanjoche, 8,5 km, Carretera a Masaya.
- Martin Fierro, 7,5 km, Carretera Sur.

Fisch und Meeresfrüchte

- The Lobster's Inn, 6,5 km, Carretera Sur. Hauptgericht ca. C$ 100. Bekanntestes Fischrestaurant in Managua, lebendige Krokodile und Schildkröten in Greifweite.

Hauptgericht ca C$ 60 und vorwiegend nationales Publikum:

- El Panorama, 6,5 km, Carretera a Xiloá.
- Mirador Tiscapa, contiguo a Radio Sandino.

Beide Terrassenrestaurants bieten eine schöne Aussicht auf eine Vulkanlagune.

Internationale Küche

- Coincidencias, Residencial El Dorado, Farmacia Zaragoza 2 c. arriba, 1/2 al Sur, ☎ 2444476. Klein, fein, familiär und individuell; Hauptgericht um C$ 80.

Mexikanische Küche

- Los Antojitos, frente al Hotel Intercontinental, hübsches Gartenrestaurant. Hauptgericht um C$ 80.

Französische Küche

- La Marseillaise, Telcor Villa Fontana 3 c. al Lago; Hauptgericht um C$ 150. Sonntags geschlossen.

Italienische Küche
♦ Mágica Roma, del Ministerio de Turismo 1 c. al Este, Pizza und Nudelgerichte ca. C$ 50. Gemütlich.
Arabische Küche
♦ El Kalifa, 5 km, Carretera a Masaya, Kebab für ca. C$ 30.
Spanische Küche
♦ Mesón Español, Mansión Teodolinda 3 1/2 c. al Sur. Hauptgericht ca. C$ 120. Spanisches Ambiente, spanischer Wein, Paella und Hammelkoteletts u.a.m. Sonntags geschlossen.
♦ Rincón Español, Iglesia del Carmen 2 c. al Norte, 1 c. al Oeste; Hauptgericht ca. C$ 150. Spanische Spezialitäten, große Portionen zu gehobenen Preisen. Montags geschlossen.
Deutsche Küche
♦ Fritz, del Sandy's Carretera a Masaya 1 c. abajo, 2 c. al Sur. Hier gibt es natürlich auch Eisbein!
Chinesische Küche
♦ Ming Court im Interconti. Hauptgericht ab C$ 70. Elegantes Publikum, sehr gute chinesische Spezialitäten.
Billiger:
♦ Restaurante Rincón Chino, 4 km, Carretera Norte.
♦ El Wok, Colonial los Robles, del Gimnasio Atlas 1 c. al Sur, Nr. 125.
Vegetarisch
♦ Restaurante Vegetariano Ananda, Montoya, 20 v. al Este. Leichte Gerichte ca. C$ 18 bis C$ 35. Sehr hübsch, halb im Freien.
Cafés
♦ Casa del Café, Lacmiel 1 c. arriba, 1 1/2 c. al Sur. Geschmackvoll eingerichtetes Kaffeehaus mit internationalen Kaffeevarianten, Kuchen und leichten Gerichten. Sonntags geschlossen.
♦ ### Tip für Heimwehkranke
Mitglieder der in Nicaragua ansässigen Deutschen Comunity treffen sich regelmäßig Di u. Fr ab 19:00 im Deutschen Club im Colegio Alemán, Carretera Sur, 10,5 km. Tips, Skat, Billard, Leberkäse und die Ergebnisse der Bundesliga...

Unterhaltung
♦ La Buena Nota, 3,5 km, Carretera Sur. Life-Konzerte mit nationalen Künstlern (regelmäßig Enrique und Carlos Mejía, die Sänger der Revolution).
♦ Cavanga, im Centro Cultural Managua. Bar im Art-Deco-Stil mit Musik der siebziger Jahre.
♦ Ruta Maya, de Montoya 150 v. arriba. Restaurant, Galerie, Life-Musik mit nationalen Künstlern.
♦ Coro de Angeles, 5,5 km Carretera a Masaya. Bücher, Kultur und ein gutes Filmprogramm.
♦ El Parnaso, Rotonda Metrocentro 1 c. al Sur. Treffpunkt für Schriftsteller und Liedermacher.
Bar und Tanz
♦ Disco Lobo Jack, Camino de Oriente. Gemischte Musik, vor allem junge Leute der Glitzer- und Glamour- Schickeria.

♦ Disco Mansión Reggae, 6 km, Carretera Norte. Afro-karibische Musik, Publikum gemischten Alters.
♦ El Quélite, de Telcor Villa Fontana 5 c. abajo. Volkstümliches Restaurant mit Life-Gruppen (Mariachis u.a.), Tanz bis in den Morgen.

Kinos

♦ Rambo & Co. präsentieren sich auf Englisch mit spanischen Untertiteln in **Cinema 1 und 2** am Camino de Oriente. Anspruchsvollere Filme präsentiert gelegentlich die **Cinemateca Nacional** (Barrio 19 de Julio, del Teatro González 75 v. al Norte).
Die Kinos sind mit AC ausgestattet und kühl!

🚌 Die **Busbahnhöfe** sind in unmittelbarer Nähe der Märkte.
Busse nach Chinandega, León, Carazo: am Mercado Israel Lewites (Boer).
Busse nach Rama, Chontales, Boaco, Nueva Guinea: am Mercado Iván Montenegro (San Miguel).
Busse nach Estelí, Masaya, Granada, Matagalpa, Nueva Segovia, Rivas, Jinotega: am Mercado Roberto Huembes (Central).
Innerhalb Managuas verkehren **Stadtbusse**, die nicht unbedingt als solche zu erkennen sind (auch umgebaute Lastwagen und ehemalige US-Schulbusse). Die Stadtfahrt kostet ca. C$ 2. Fahrpläne gibt es nicht, aber tagsüber kommen die Busse ungefähr alle 10 Min.

🚗 Nach Einbruch der Dunkelheit empfiehlt sich ein **Taxi**. Stadtfahrt pro Person C$ 7 bis 10 (☞ Reise-Infos von A bis Z: Reisen im Land).

📖 **Führer durch die Großstadt:**
♦ *Guía fácil*. Die zweimonatlich erscheinende Broschüre informiert über Kino, Kunst, Musik, Hotels, Restaurants und enthält auch sonst viele nützliche Hinweise.
♦ *Guía Mananic* enthält neben Hinweisen auf Unternehmen und Geschäfte Stadtpläne aller größeren Städte.
♦ *Guia de Managua* enthält allgemeine Informationen über Nicaragua und Managua und viele nützliche Adressen.
Erhältlich sind diese Veröffentlichungen im Flughafen, im Laden des Interconti und in zahlreichen *Librerías* (Buchhandlungen, die aber in erster Linie Papier und Büromaterial verkaufen).

Wenn Sie sich mit Managua anfreunden wollen, vergessen Sie, was Sie bisher von einer Hauptstadt erwartet haben. Managua ist anders.

Vergessen Sie Geschäftsstraßen, bombastische Bauten, romantische Plätze, vergessen Sie Betriebsamkeit, Gedränge und Luftverschmutzung.

Managua ist eine Siedlung, die Modell stehen könnte für ökologische Stadtplanung der Zukunft. Großzügige Alleen und Plätze, einstöckige Häuser, Tante-Emma-Läden überall und Stadtviertel, wo sich die Nachbarn kennen, Bäume und Blüten im Stadtzentrum, und in unmittelbarer Nähe des Regierungspalastes weiden im Winter Kühe auf Grünflächen und Parkanlagen.

Daß Managua nicht wie andere Hauptstädte der Welt zum menschenfeindlichen Moloch wurde, ist leider nicht dem Weitblick ökologisch orientierter Stadtplaner zu verdanken: 1931 und 1972 wurde die Innenstadt, die es einmal gab, von gewaltigen Erdbeben so gut wie völlig zerstört. Hier und da lassen noch Betonskelette ohne Dach die einstmals dichte Bebauung ahnen.

Inzwischen weiß man, daß die Erde besonders unter Managuas ehemaligem Zentrum ständig in Bewegung ist. Deswegen liegt das Zentrum brach, deswegen bleiben die Bauten (bis auf wenige Ausnahmen) niedrig, und deswegen wächst Managua entlang seiner Ausfallstraßen über sich selbst hinaus.

Und das in einem Tempo, das niemand vorauszusagen gewagt hätte. Noch vor kaum hundertfünfzig Jahren war Managua nicht mehr als ein Fischerdorf am Ufer des großen Managua-Sees. Die damals weitaus größeren Städte León und Granada, die sich gegenseitig den Rang der Hauptstadt mißgönnten, einigten sich 1852 auf Managua als Kompromißlösung.

Die Häuser der alten *Managuas*, wie man die Bewohner hier nennt, waren damals noch aus Holz erbaut, gedeckt mit Palmblättern, entlang von Fußwegen, die im Winter schlammig und im Sommer staubig waren. Kaum 10.000 Einwohner bevölkerten damals die Stadt.

1931 waren es immerhin schon 40.000, die sich innerhalb von rund sechs Jahrzehnten vor allem durch Zuzug vom Lande verzwanzigfachten.

Heute wohnt hier in gepflegten Villen (die wenigsten), in leichtgebauten Reihenhäuschen (die dünne Mittelschicht) und in behelfsmäßig wirkenden Heimen aus Holz oder noch vergänglicherem Material (die Masse) rund ein Fünftel der gesamten Bevölkerung Nicaraguas. Managua ist Regierungssitz, Zentrum für Handel, Industrie und Kultur.

Wenn Sie zu den Weltreisenden gehören, die daheim mit Rekorden aufwarten wollen (das größte Kaufhaus, die älteste Kirche, etc.) sind Sie in Managua am falschen Platz. Managua ist eine spröde Schöne, deren Reize sich nur hartnäckigen Bewunderern erschließen.

Orientierung

Straßen und Plätze sind in Managua nicht oder nur ausnahmsweise und dann fast unsichtbar beschildert. Auf Stadtplänen sind Straßennamen selten angegeben, was auch sinnvoll ist, da viele bei Regierungswechsel umbenannt werden. Adressenangaben der *Managuas* beziehen sich auf allseits bekannte Bäume, Ampeln, kniehohe Statuen, oder, noch verwirrender, auf Gebäude, die vor dem Erdbeben irgendwo standen.

Wer Managua dennoch erforschen möchte, kann sich dieser Herausforderung getrost stellen, zumal die Adressenangaben in diesem Handbuch auf nicaraguanisch erfolgen. So weiß jeder Taxifahrer Bescheid, und jeder Fußgänger kann Ihnen behilflich sein.

Wenn Sie ein paar Brocken der Landessprache beherrschen - das empfiehlt sich sowieso - werden Sie Ihr Ziel schon finden (☞ Reise-Infos von A bis Z: Verständigung).

Wenn Sie in die Verlegenheit kommen, die **Deutsche Botschaft** suchen zu müssen, hier die Adresse: Bolonia, Plaza España, 1 1/2 c. al Lago.

Sie suchen im Stadtplan das Stadtviertel Bolonia und die Plaza España. Von dort aus bewegen Sie sich Richtung See (wo der ist, müssen Sie sich eben merken). Nach anderthalb Häuserblocks liegt linkerhand tatsächlich, von Natodraht gut geschützt, die Deutsche Botschaft.

☺ Beachten Sie immer auch die Hand- und Mundbewegungen Ihres Gesprächspartners, die oft zuverlässiger in die richtige Richtung weisen als die Worte, zumal Begriffe wie rechts und links nicht jedem geläufig sind.

Um die für einen Reiseführer fast unentbehrlichen Stadtpläne zu besorgen, suchte ich kürzlich das hiesige karthographische Institut. Die Adressenangabe im Telefonbuch, "gegenüber dem INSS (Institut für Sozialversicherung)", half mir nicht weiter. Ich schlug nach unter INSS und fand den Hinweis: gegenüber dem Katasteramt. Das Catastro wiederum fände ich, laut Telefonbuch, gegenüber dem INSS. Der Kreis hatte sich geschlossen.

Ich griff zum Telefon und bat einen freundlichen Angestellten des gesuchten Instituts, mir den Weg zu erklären. Nachdem ich mich weder mit seinen Hinweisen auf INSS noch Catastro zufrieden geben mochte, verwies er mich geduldig auf die Ampel im Stadtviertel Nindirí. Von da aus sei es nicht mehr weit. Ich bedankte mich und griff zum Stadtplan: Das Viertel Nindirí gibt es nicht. Als Alteingesessene wußte ich aber, daß Nindirí der neue Name des alten Städtchens Tenderí ist.

Das Stadtviertel Tenderí fand ich im Stadtplan, die Ampel nicht. Nach einer Stunde Stadtrundfahrt (3 mal halfen Passanten) fand ich das Institut. Eigentlich war es ganz einfach: Del Semáforo Tenderí 2 cuadras al Lago...

Stadtpläne hatten sie allerdings nicht.

Sehenswertes

⌘ **Museo** *Huellas de Acahualinca*

Ein interessantes Zeugnis der Vorgeschichte Amerikas findet sich im Nordwesten der Stadt: die *Huellas de Acahualinca*, etwa 6000 Jahre alte Fußabdrücke von Menschen, Vierbeinern und Vögeln, die bei Grabungen freigelegt wurden.

Eine Decke vulkanischer Asche schützte die Spuren vor Erdschichten, die sich im Laufe der Zeit darüberlegten. Ob die Wesen, die diese Spuren hinterließen, vor einem Vulkanausbruch flohen, oder ob sie sich erst später auf der bereits erkalteten Schicht von Asche und Schlamm bewegten, ist unter der Handvoll Wissenschaftler, die sich mit dieser Frage beschäftigen, noch umstritten.

◆ De Gadala María 1 c arriba, 1 1/2 c al Lago, ☎ 2665774. Mo bis Fr ⏰ 8:00 bis 16:00; Eintritt C$ 10.

⌘ **Museo Nacional**

Das kleine Museum verfügt über eine naturkundliche Sammlung der heimischen Fauna (Vögel, Reptilien, Insekten, Fische und Säugetiere) und eine Sammlung archäologischer Fundstücke wie Keramik (Begräbnisurnen), Statuen, Waffen und Werkzeuge aus der Steinzeit.

◆ ☎ 2225291, 1 km Carretera Norte, in der Nähe des alten Bahnhofs. Mo bis Fr ⏰ 8:00 bis 16:00; Eintritt C$ 10.

⌘ **Museo Julio Cortázar**

Gegenüber vom *Telcor*-Gebäude in einer im Kolonialstil erbauten grünen Villa, die das Erdbeben von 1972 überstand. Ständige Ausstellung von Skulpturen und Bildern zeitgenössischer lateinamerikanischer Künstler.

◆ Öffnungszeiten unregelmäßig nachmittags.

✳ **El Malecón**

Die breite Uferpromenade am Managua-See, sonntägliches Ausflugsziel der *Managuas* mit Spielplätzen und Karussells. *Fritangas* (kleine Imbißstände) bieten ortstypische Spezialitäten. Der Blick auf den leider völlig verdreckten See ist herrlich.

Den Malecón beherrscht eine gigantische **Tribüne**, wo auch politische Veranstaltungen stattfinden. Hier sprach im Februar 96 Papst Johannes Paul II zu fast einer Million Gläubigen (oder Neugierigen). Zu Weihnachten läßt die Stadtregierung lebensgroße Krippenfiguren auf dem grasbewachsenen Hang aufstellen.

✳ Plaza de la República (Platz der Republik)
Zu Sandinistenzeiten *Plaza de la Revolución*, der größte und 364 Tage im Jahr leerste Platz Managuas (und daher als Parkplatz bestens geeignet)!

Am 19. Juli 1979 feierte das nicaraguanische Volk hier die Vertreibung des Diktators Somoza. Zehntausende gedenken der Revolution jedes Jahr wieder mit einer Massenkundgebung.

✟ Die alte Kathedrale (an der Ostseite des Platzes)
Das Innere der alten Kathedrale (Baubeginn 1929), von der beim letzten Erdbeben nichts als die Mauern stehenblieben, ist renoviert worden. Noch sind die Risse in Mauern und Skulpturen zu sehen. Eine von Stahlträgern gestützte Dachkonstruktion schützt das Kirchenschiff, wo vor kurzem noch Sträucher und Bäumchen wucherten, vor Witterungseinflüssen. Der Nordturm ist Sankt Peter, der Südturm Sankt Paul gewidmet.

Seit 1997 finden im entkernten Kirchenschiff Konzerte und andere Kulturveranstaltungen in einem in der Welt wohl einmaligen Rahmen statt.

Der Stolz des populären Kardinals Obando ist jedoch die **Catedral Metropolitana**, die neue Kathedrale (an der Avenida Rubén Darío, südlich der Laguna de Tiscapa). Böse Zungen erwähnen in diesem Zusammenhang die guten Beziehungen der lokalen Zementfabrikanten zur Kirche, respektlose *Managuas* gaben dem bunkerähnlichen Gebäude den Spitznamen: *Las Tetas del Cardenal* (Die Brüste des Kardinals). Sie wurde 1993 fertiggestellt.

✳ Palacio Nacional (Nationalpalast)
"Panteón Bananero" taufte Gabriel García Márquez das ehemalige Parlamentsgebäude am Südrand des Platzes, wo seit seiner Fertigstellung 1941 die Handlanger des Diktators die Reichtümer des Landes verramschten.

1978 erstürmte ein sandinistisches Kommando den Palast und erzwang die Freilassung von politischen Gefangenen, sowie die Bekanntmachung der Ziele der Revolution über alle Radiostationen.

In den 90er Jahren wurde das Gebäude mit finanzieller Unterstützung Japans und Spaniens aufwendig renoviert. Noch 1997 sollen sich die leeren Räume mit Kultur füllen: Das Nationalmuseum wird hierher verlagert, ebenso die Nationalbibliothek, das Staatsarchiv und das Zeitungsarchiv.

SOLO
LOS OBREROS
Y
CAMPESINOS
IRAN
HASTA EL FIN

✳   Grabmal von Carlos Fonseca

An der Westseite der Plaza ist das Grabmal des Mitbegründers der FSLN, Carlos Fonseca, der 1976 im Befreiungskampf sein Leben ließ. Das Denkmal wird seitdem von einem treuen Anhänger, der nebenan in einem Zelt aus Plastikplanen haust, gegen Übergriffe politischer Gegner bewacht.

Die ewige Flamme zur Ehren des großen Patrioten brennt seit dem politischen Umschwung nur noch elektrisch und nur noch nachts.

✳   Casa de La Cultura

Vor dem Erdbeben als Grand Hotel Treffpunkt der nationalen High Society, heute Forum für Verkaufsaustellungen des nationalen Kunsthandwerks (jeden ersten Samstag im Monat) und verschiedene Kulturveranstaltungen. In der *Casa de La Cultura* ist außerdem eine Galerie moderner nationaler Kunst (Verkauf), ein Geschäft für Antiquitäten und ein angenehmes kubanisches Café im Stil der Kaffeehäuser des alten Havanna.

✳   Teatro Nacional Rubén Darío

Nahe dem Seeufer, nördlich der Plaza. 1969 fertiggestellt und prunkvoll ausgestattet, mit Raum für 1.300 Zuschauer, gilt es als eines der zweckmäßigsten (wenn auch nicht der schönsten) ganz Lateinamerikas. Hier finden die größten und teuersten Kulturveranstaltungen des Landes statt.

✳   Estatua del General Sandino

Das riesige, schwarze, eiserne Denkmal zu Ehren des (vom Wuchs her) kleinen Nationalhelden (1895 bis 1934) erhebt sich auf dem Hügel von Tiscapa, wo vor dem Erdbeben von 1972 der Präsidentenpalast stand. Man sieht es auch gut aus der Ferne.

Die Museen Managuas, weniger Ziel von Touristen als Pflichtpensum nicaraguanischer Schüler, sind an Wochenenden, Feiertagen, im Dezember und in der Osterwoche geschlossen.

✳   Märkte

Nirgends in Managua trifft man so viele Menschen wie auf den fünf großen Märkten. Hier wird gehandelt, verzehrt, diskutiert, angebändelt, geschlafen, gestorben und geboren.

Wenn Sie irgend etwas brauchen - auf Managuas Märkten gibt es alles. Aber nehmen Sie sich Zeit zum Finden.

Unbedingt sehenswert: Der **Mercado Huembes** (Central), an dessen überdachten Ständen auch eine reiche Auswahl an Kunsthandwerk aus dem ganzen Land verkauft wird. Hier werden preiswert und prompt abgetretene Reiseschuhe neu besohlt, Uhren repariert, Paßfotos gemacht und Haare und Bärte geschnitten.

Eigentlich noch sehenswerter: Der **Mercado Oriental**, ein ganzes Stadtviertel mit unzähligen Ständen. Aber: Hier wird auch jede Menge Diebesgut verkauft (zum Beispiel Ihr Autoradio, falls Sie Ihr Auto am Markt abgestellt haben) und: Die Wahrscheinlichkeit, daß Ihnen Ihre gesamte Barschaft und alle Wertgegenstände abgeknöpft werden, ist so hoch, daß die Autorin von einem Besuch leider abraten muß.

✱ 07.12. **Día de la Gritería**, ein religiöses Fest zu Ehren der Jungfrau Maria, an dem sich das ganze Volk beteiligt. Wer es sich leisten kann, baut auf der Terrasse seines Hauses (vor allem in den bürgerlichen Vierteln) aus Blüten und Zweigen einen Altar für die häusliche Marienstatue. Gruppen von armen Leuten - Kindern und Erwachsenen - mit Rucksäcken oder Plastiktüten ausgerüstet, ziehen in der Abenddämmerung von Haus zu Haus und singen, so gut sie können. Von den Hausbesitzern werden sie dafür mit Ratschen, Obst oder Süßigkeiten belohnt.

Ein immer wiederholter Kehrreim ist:

"¿Quien causa tanta alegría?"

Antwort des Chors "¡La concepción de María!"

(Was macht uns so froh? Die Empfängnis Marias!)

Ein bekannter Hühnerzüchter schmähte das populäre Glaubensbekenntnis zu Werbezwecken: Auf über die Straßen Managuas gespannten Spruchbändern war zu lesen: "¿Quien causa tanta alegría? ¡El Pollo Estrella!" (Was macht uns so froh? Das Brathuhn sowieso!) Anstößig fand die Werbung niemand.

✱ 01.08. bis 10.08. **Fiesta de Santo Domingo**. In einer riesigen Prozession wird der Schutzheilige der Stadt von seinem Standort, der Kirche *Santo Domingo*, in eine Kirche in der Stadt am *Mercado Oriental* getragen. Zehntausende von Gläubigen (und eine Menge Taschendiebe) geben ihm das Geleit. Nicht nur der Überschwang der Betrunkenen macht es für Fremde eher ratsam, Abstand zu halten. Kinder machen sich einen Spaß daraus, alles, was weiß ist (Hemden, Gesichter, blonde Haare der Umstehenden) mit Altöl schwarz zu färben. Dazu muß man gute Mine machen.

Seen und Strände in der Nähe von Managua

Nicaraguas kilometerlange Sandstrände bieten etwas, was man im Zeitalter der Massenbewegung Richtung Tropen kaum noch zu finden hofft: Einsamkeit und Stille, Platz im Wasser, beschauliche Fischerdörfchen, den Anblick von schlanken Einbäumen, Kokospalmen, deren Stämme sich im Wind biegen, Klippen, an denen sich schimmernd die Brandung bricht, Wasservögel, Muscheln und Seeschnecken in vielfältigen Formen und Farben, Langusten und anderes Seegetier in palmblattgedeckten, preiswerten Strandrestaurants und und und...

Für "Hochburgen" des Tourismus existieren bisher nur Zukunftspläne. Ein einziges Ferienressort, *Montelimar*, ist den Ansprüchen des internationalen Tourismus gewachsen, alle anderen Hotels und Unterkünfte sind eher bescheiden. So sind Nicaraguas Strände heute noch ein Traumziel für Reisende, denen einmalige Naturerlebnisse wichtiger sind als Komfort und Animation.

Laguna de Jiloá

◆ Eintritt C$ 10.

🚐 Anfahrt ist nur mit Auto oder Taxi möglich (ca. 30 Min. vom Stadtzentrum). Nueva Carretera a León, ausgeschildert.

Etwa 20 km von Managua entfernt liegt der **Kratersee** Laguna de Jiloá in der malerischen Hügellandschaft der **Halbinsel Chiltepe**. Das saubere, leicht schwefelhaltige Wasser wirkt für Haut und Haare wie ein Jungbrunnen.

Unter der sandinistischen Regierung wurde Jiloá, einst eines der zahlreichen Feriendomizile Somozas, als Naherholungsgebiet ausgebaut. Pavillons, wo Sie Ihre Hängematte aufhängen können, Picknickstände und kleine Restaurants sowie ein diskretes *Motel* (Stundenhotel!) an den grünen Ufern locken am Wochenende und an Feiertagen die Hauptstadtbewohner zuhauf. Unter der Woche ist man meist allein mit Kühen, Reihern, Kormoranen und Schildkröten.

✋ Auch hier gilt: Lassen Sie ihre Habe nicht unbeaufsichtigt!

Montelimar

➲ Managua 60 km.

☎ Managua 269 67 62.

- 🛏 202 DZ mB und AC in Bungalows, 4 Restaurants, Diskothek (weit genug von den Bungalows entfernt!)
  Tagesaufenthalt (Verpflegung, Getränke, Animation incl.) ohne Übernachtung: Erwachsene US$ 40, Kinder US$ 20; mit Übernachtung DZ US$ 130, EZ US$ 115.
- 🚗 Von Managua führt die Carretera Sur über El Cruzero (ab da ausgeschildert) und San Rafael del Sur nach Montelimar. Die Straße ist gut, die Fahrt dauert etwa eine Stunde. Taxi (US$ 50 von Managua) oder Transport mit dem Hotel Montelimar vereinbaren.
- 🚌 Busse fahren stündlich ab Isreal Lewites Markt, aber nur bis Masachapa. Von dort aus sind es noch 2 km bis Montelimar.

Bis 1978 pflegte sich am Traumstrand von Montelimar der Diktator Somoza von den Strapazen des Herrschens zu erholen. Nach seiner Vertreibung wurde seine prunkvolle Ferienvilla, mittlerweile Hauptgebäude des Hotelkomplexes, zeitweilig zur Kaserne für das sandinistische Heer.

1993 erwarb der spanische Barceló-Konzern, der in der Welt Dutzende von Hotels sein eigen nennt, das idyllische Grundstück und legte hier einen für Nicaragua einmaligen, luxuriösen (und vom übrigen Nicaragua abgeschotteten) Ferienkomplex an.

🏖 Ein kilometerlanger, mit Kokospalmen bewachsener, gepflegter Sandstrand, eine komfortable Hotelanlage mit Bungalows, stilvoll in die Parklandschaft eingebettet, Essen à la carte oder vom opulenten Buffet, Schwimmbäder, Sportmöglichkeiten (Gymnastik, Tennis, Windsurfen, Tischtennis, Volleyball etc. und, gegen Extra- Gebühr: Reiten, Tauchen, Hochseefischen), Unterhaltungsprogramme und die hauseigene Diskothek machten Montelimar zum von Ausländern (zumeist Franco-Kanadiern) am meisten besuchten und exklusivsten Ferienziel in Nicaragua.

Einheimische Politiker und Geschäftsleute führen hier gerne ihre Verhandlungen. So hat der aufgeschlossene Gast durchaus die Chance, neben dem Hotelpersonal auch anderen Nicas zu begegnen.

Die Hotelanlage ist in jeder Hinsicht exklusiv, das heißt auch: für die Öffentlichkeit nicht zugänglich. Die Aufnahme in dem rundum bewachten Gelände ist auch für Tagesgäste nur nach vorheriger Anmeldung möglich.

Masachapa

- 🛏 Hotel La Terraza, ☎ 88-26550, DZ ca. US$ 20, äußerst einfach.
- ♦ Casa del Gobierno, Masachapa. Die komfortable Herberge, in der während der Sandinistenzeit auch Daniel Ortega residierte, wird zur Zeit renoviert.

♦   Mehrere preiswerte Hospedajes.

✕   Verschiedene Restaurants am Strand, sehr gute Fischgerichte

🚌   Mehrmals tägl. vom Mercado Israel Lewites (Boer) in Managua über El Crucero und San Rafael del Sur (Partnerstadt von Berlin Kreuzberg). Dauer ca. 90 Min. Gute, landschaftlich sehr schöne Straße.

Masachapa, 60 km südwestlich von Managua am Pazifik gelegen (Wegweiser nach Montelimar folgen), ist ein kleiner Fischerort an einem großen Strand. Vormittags laufen die Fischerboote ein. Dann kann man zusehen, wie Makrelen, Haie, Barsche und anderes Flossengetier direkt von den Booten verkauft und teilweise gleich gesäubert wird. Schwärme von Möwen und Fregattvögeln streiten sich mit mageren Hunden um die Abfälle.

1992 überraschte ein Seebeben die Bewohner der Küste. Eine riesige Welle türmte sich etwa zehn Meter hoch und schwemmte fort, was sich an Bauten und Schiffen in Strandnähe befand. Fast alle Fischerboote wurden weit aufs Land geworfen und zerschellten.

Ausländischen Hilfsorganisationen ist es zu verdanken, daß die Fischer Masachapas heute über eine Flotte moderner Motorboote verfügen.

Pochomil

🛏   Hotel Altamar, 23 Zimmer, DZ mB. C$ 160, DZ oB. C$ 110, einfach.

✕   Sehr gute Fischgerichte und Meeresfrüchte auf der schönen Terrasse im Hotel Altamar oder auch in den anderen Restaurants.

🚌   ☞ Masachapa.

Pochomil ist in einer Strandwanderung von etwa 30 Min. von Masachapa zu Fuß zu erreichen. Außerdem führt auch die Straße nach Montelimar dorthin, die kurz vorm Ortseingang Masachapa links nach Pochomil abbiegt.

Unter der sandinistischen Regierung wurde Pochomil als Naherholungszentrum angelegt. An der Küste, die nach Süden immer steiler abfällt, stehen ein paar Wochenendhäuser.

❦   Charakteristikum des Ferienzentrums sind jedoch die zahlreichen Restaurants am endlosen, breiten Sandstrand, die zum großen Teil nur auf Tagestourismus eingestellt sind. Unter Palmblattdächern kann man hier seine Hängematte aufspannen (im Hotel *Alta Mar* ist sie im Service inbegriffen) und Pelikanen beim Fischfang zusehen. Wochentags ist man fast allein am Strand, am Wochenende oder an Feiertagen ist Pochomil beliebtes Ausflugsziel der einheimischen Touristen.

Für die Nutzung des touristischen Zentrums wird eine geringe Eintrittsgebühr erhoben.

🖑   Vorsicht: Baden Sie nicht vor dem Hotel *Bajamar* im *"Triangulo de la Muerte"* (Todesdreieck). Dort gibt es in Strandnähe gefährliche Strömungen, denen alljährlich mehrere (Nicht-)Schwimmer zum Opfer fallen.

La Boquita

- ➲   Managua 80 km.
- ♦   Eintritt ca. C$ 5, PKW C$ 10.
- 🛏   Hotel Palmas del Mar (französischer Eigentümer). Neue, in postmodernen Farben gehaltene Anlage, AC, DZ mB US$ 30.
- ♦   2 bescheidene Hospedajes.
- ✗   Verschiedene Restaurants, die sich besonders auf die Zubereitung von Fisch und Meeresfrüchten verstehen.
- 🚌   Ständig von Managua (Israel Lewites Markt) über Diriamba.

Nach La Boquita, etwa eine Autostunde südwestlich von Managua gelegen, über die CA 2 (Panamericana) bis Diriamba, dort nach Westen abbiegen (ausgeschildert). Ende der achtziger Jahre wurde La Boquita als zweite Ferienanlage für die Bewohner Managuas am Pazifikstrand angelegt. Das Seebeben von 1992 machte die menschenfreundliche Absicht zunichte: Es richtete an der hübschen Anlage schwere Schäden an. So blieben von der neuen Uferpromenade nur ein paar Betonbrocken übrig, die Strandbepflanzung wurde vernichtet. Zum Wiederaufbau fehlt es an Geld. Aber der Strand ist weit in La Boquita, der Blick aufs Meer wundervoll.

Casares

- 🛏   Mehrere einfache Hospedajes.
- ✗   Köstliche Fischgerichte in vier Restaurants.
- 🚌   Wie nach La Boquita.

5 km südlich von La Boquita, ein Fischerdorf mit Wochenendtourismus.

🐓   Der Strand ist schön, teilweise mit Klippen durchsetzt und erinnert an die Costa Dorada vor der Invasion der Teutonen.

1992, als das große Seebeben Teile der Pazifikküste überschwemmte, wurde in Casares das legendäre Hotel *El Casino* - in den achtziger Jahren Treffpunkt der Brigadisten und Revolutionsfans - von der riesigen Welle weggeschwemmt. Die Besitzerin ertrank, und von ihren Erben fand noch keiner den Mut, das Hotel wieder aufzubauen.

Nach Masaya und über die Dörfer

Die Strecke bietet sich an für einen Ausflug in die gegenwärtige Vergangenheit. Nur wenige Autominuten von der Hauptstadt entfernt liegen verschlafene Dörfchen, mit Straßen aus Kopfsteinpflaster, Lehmhäuschen mit Ziegeldächern und Rauch von Holzfeuern. Ochsenkarren und Pferde sind noch häufiger als motorisierte Fahrzeuge.

Mit dem Auto kann man die Tour gut in einem Tagesausflug von Managua aus machen, mit Bussen muß man mindestens 2 Tage rechnen.

In Managua, im Distrikt Centro América, beginnt die Überlandstraße *Carretera a Masaya* (Nic 4). Sie führt vorbei am Viertel Las Colinas (linker Hand abseits der Straße), wo sich vorwiegend reiche Nicas und ausländische Entwicklungsexperten in Villen mit Mauern, Hunden und Wachpersonal vor den Übergriffen der Armut abschotten.

Vulkan Masaya

⌘ Besucherzentrum *(Centro de Visitantes)*
Das Restaurant im Besucherzentrum ist zur Zeit geschlossen. Geöffnet ist das Museum mit Ausstellungen zur Geschichte der Vulkane, ihrer Flora, Fauna und Geologie. Die Fledermäuse sind echt!
☎ 5225415, Mo bis Fr ⬚ 9:00 bis 17:00, Sa u. So 9:00 bis 18:00. Eintritt C$ 20.

🚌 Busse von Managua nach Masaya halten auf Wunsch am Parkeingang. Von da bis zum Krater dann allerdings 6 km schattenloser Fußweg; unter der Woche kaum Chancen auf einen *Raid* (Mitfahrgelegenheit).

🚗 Auffahrt bis zum Gipfel.

Schon wenig später hat man rechter Hand Ausblick auf eines der eindrucksvollsten der zugänglichen Naturphänomene Nicaraguas, den **Parque Nacional Volcán Masaya** (Einfahrt zwischen km 22 und km 23). Das Naturschutzgebiet umfaßt 54 km² faszinierender braungrüner Lavalandschaft mit der ihr eigenen Fauna und Flora.

In den Sommermonaten ist der Park übersät von bunten Blüten, darunter Orchideen und die seltsame Nationalblüte des Landes, die *Sacuanjoche*, deren duftende Blütenblätter aus den kahlen Ästen sprießen.

Leguane, Affen, Rotwild und Schlangen (auch Klapperschlangen!) bevölkern das Gelände. Ihr leider unsichtbares Nachtleben führen hier u.a. Koyoten und verschiedene Arten von Wildkatzen.

Zwei Vulkane mit fünf Kratern schützt der Park. Majestätisch erhebt sich über alle der Vulkan Masaya mit dem **Krater Santiago**, dem größten Krater Amerikas, dessen schwefelgelbe Dampfwolken schon von weitem zu sehen sind.

Die Indianer der präkolumbianischen Zeit hielten die Vulkanausbrüche für Zeichen göttlichen Zorns, den sie mit Tier- und Menschenopfern zu beschwichtigen hofften.

Die Spanier errichteten zum gleichen Zweck auf dem Gipfel des Vulkans ein gigantisches Kreuz *(Cruz de Bobadilla)*, das neben den Ausbrüchen auch den indianischen Glauben bannen sollte. Die glühende Lava im **Krater San Fernando** hielten sie für flüssiges Gold und tauften den Krater, nachdem sie ihren Irrtum einsehen mußten, enttäuscht *Boca del Infierno* (Höllenschlund). 184 Stufen führen zu dem Kreuz.

Dem grausamen Diktator Somoza schien der Höllenschlund der geeignete Ort, sich seiner politischen Gegner zu entledigen. Er ließ die gefolterten Körper vieler Oppositioneller von Hubschraubern über dem Krater abwerfen.

Der letzte Ausbruch des Vulkans Masaya erfolgte 1772. Seitdem qualmt er mal stärker, mal schwächer, aber pausenlos. In dem Kessel, aus dem die giftigen Schwefelgase brodeln, leben *Chocoyos*, kleine grüne Papageien, die am Spätnachmittag in Schwärmen kreischend zu ihren Schlafplätzen flattern. Der Dampf scheint ihnen nichts auszumachen.

Eine gute Straße führt 6 km durch die Parklandschaft bis zum Krater Santiago. Durch eine Mauer vorm Abgrund geschützt, kann man in die unermeßliche Tiefe des riesigen Kraters blicken (180 m tief, 500 m Durchmesser).

🏠 Nimmt man die Mühe des Aufstiegs auf sich, wird man mit einem herrlichen Blick bis Managua belohnt.

☺ Nehmen Sie sich etwas zu trinken mit!

Nindirí

8.300 Ew., ⇧ 220 m

✗ Gute, preiswerte Restaurants an der Carretera der Masaya:
♦ Vista Hermosa, km 24, gelegentlich auch österreichische Küche, große Gehege mit einheimischen und ausländischen Vögeln.
♦ Restaurante El Filete, km 26, sehr gute Fleischgerichte.

Höfe von Campesinos in der Provinz Matagalpa (js)

Der Ort Nueva Guinea (js)

Bei km 25 an der Carretera a Masaya (Nic 4) liegt linker Hand das altertümliche Städtchen Nindirí. Es war ursprünglich eine Siedlung der *Chorotegas*, die 1528 von den Spaniern erobert wurde.

Hügel der Koschenille nannten die Chorotegas ihr Dorf, denn sie gewannen aus dieser roten Schildlaus einen Farbstoff, mit dem sie ihre Textilien färbten.

Der Obelisk des rebellischen *Kaziken Tenderí* grüßt die Besucher des Städtchens. Fast unverändert hat sich die Architektur der Kolonialzeit erhalten. Die Häuser sind aus Lehm, mit Zweigen verstärkt, die Dächer aus selbstgebrannten Ziegeln. In präkolumbianischen Zeiten war Nindirí, das damals **Tenderí** hieß, Sitz des mächtigen, gleichnamigen Kaziken, dem alle umliegenden Siedlungen Tribut zahlten.

Die Bewohner Nindirís, denen die indianische Abkunft teilweise noch anzusehen ist, leben heute ärmlich von Einkünften aus kleinen Handwerksbetrieben (Kleidung, Schuhe, Möbel) und der Landwirtschaft.

Sehenswertes

✝ Die Kirche **Santa Ana**, erbaut 1798, mit schönem Dachgebälk, kunstvoll geschnitzten Schreinen und Heiligenfiguren, die vermutlich sehr viel älter sind als die Kirche selbst.

Das zur Sandinistenzeit gefertigte Wandgemälde in der Tribüne am Sportplatz neben dem Parque Central, das den in Nindirí anläßlich des Festes zu Ehren der Schutzheiligen jährlich aufgeführten Kampf der Spanier gegen die Mauren darstellt *(Baile de los Chinegros)*.

✱ Die **Casa de la Cultura** ist ein 150 Jahre altes kleines Holzgebäude mit Ziegeldach.

⌘ Das liebevoll betreute kleine **Museo Arqueológico Tenderí** gegenüber der Casa de la Cultura unweit des *Parque Central* mit seiner Ausstellung von Keramikfunden, Steinwerkzeugen, Masken, Musikinstrumenten, Petroglyphen und Begräbnisurnen.

◆ Mo bis Fr ⏰ 8:00 bis 12:00, 14:00 bis 17:00, Sa 8:00 bis 12:00. Eintritt frei (Spenden werden gern entgegengenommen.)

✱ 24. bis 28.07. *Fiestas Patronales* (Santa Ana, Santiago) mit traditionellen Tänzen: u.a. *El Macho Ratón, El Toro Huaco, El Gigante, Los Negros.*

Ausflug

Zur **Laguna de Masaya** über die **Bajada de Caiagua**, den alten Weg, den früher die Frauen vor der Einführung des Wasserhahns täglich zum Wäschewaschen gingen. Hier finden sich Petroglyphen an einer Felswand von 50 m Länge und 3 m Höhe.

☞ Wegbeschreibung im Museum oder in der *Casa de Cultura* erfragen. Am besten gehen Sie nur als Gruppe und nehmen einen einheimischen Begleiter mit, da auf diesem Weg gelegentlich Leute ausgeraubt wurden.

Festung Coyotepe

Am km 28 der Carretera a Masaya zweigt links ein Weg ab zur *Fuerte Coyotepe*.

▣ Von hier aus hat man von 350 m Höhe einen wunderbaren Ausblick.

Anastasio Somoza, der fast überall im Land blutige Spuren hinterließ, benutzte das Fort mit seinen unterirdischen Verließen als Gefängnis und Folterkammer.

Inzwischen sind die dunklen Mauern und die Spuren vergossenen Blutes rosa überstrichen. Das geschichtsträchtige Gebäude dient als Freizeitzentrum für Pfadfinder. Hinweise auf die Vergangenheit sucht man vergebens.

Masaya

⇧ 234 m, ➲ Managua 28 km

- 🛏 Hotel Cailagua, ☎ 522-4435, km 29 an der Straße Masaya-Granada, 28 DZ mit AC oder Ventilator, DZ mB ca. US$ 30.
- ♦ In Masaya: Hotel Regis, ☎ 522-2300, DZ oB ca. US$ 9, einfach.
- ✗ Bar-Restaurante Che-Gris, Avenida Arturo Velásquez, sehr gutes Essen, Hauptgericht ca. US$ 5.
- ♦ Außerdem zwei billigere, einfache chinesische Restaurants: Sándalo und Alegría, beide am Parque 17 de Octubre.
- 🚌 Busbahnhof neben dem Markt.
  Von Managua aus fahren Busse ständig vom Mercado Roberto Huembes (Central). Fahrtdauer ca. 40 Min.
  Nach Granada ständig, Fahrzeit ca. 30 Min.

Mit 80.000 Einwohnern und einer Bevölkerungsdichte von 857 Ew./km²
ist Masaya die am dichtesten besiedelte Provinz des Landes.

Masaya, von seinen Einwohnern auch liebevoll *Die Stadt der Blüten*
genannt, ist Zentrum für das nationale Kunsthandwerk.

Lohnend ist auf jeden Fall der Besuch des großen, überdachten
Marktes, wo man preiswerter als in Managua traditionelle Gebrauchs-
gegenstände wie Hängematten, Keramik, Korb- und Lederwaren, Holz-
spielzeug und Schmuck kaufen kann. Der Markt ist noch in der Nähe des
Busbahnhofes. Die alte Markthalle im Stadtzentrum, traditioneller Han-
delsplatz schon vor der Ankunft der Eroberer, war von der Nationalgarde
zerstört worden und wird gegenwärtig renoviert.

Masayas Bewohner, Nachfahren der wehrhaften *Chorotegas*, erwiesen
sich im Laufe der Jahrhunderte als besonders aufsässig gegen jede Form
der Unterdrückung, sei es gegen die Spanier, sei es gegen den Abenteurer William Walker, anschließend bei der US-Intervention von 1912 und
zuletzt im Kampf gegen Anastasio Somoza García. Die Schlußoffensive
gegen den blutrünstigen Alleinherrscher nahm vom indianischen Stadtviertel Monimbó im Süden der Stadt ihren Ausgang. Somoza rächte sich
mit erbarmungslosen Bombardements.

Die Bomben vermochten jedoch den Geist der Bewohner nicht zu
brechen. Alte Sitten und Gebräuche halten sich und äußern sich in der
Kunst, bei Festen in althergebrachten Kostümen und in der Politik: Immer noch regiert hier ein *Kazique* mit einem frei gewählten Ältestenrat.

Sehenswert

✱ Der **Parque Central**, das beschauliche Herz der Stadt mit seinem
bescheidenen, eher unauffälligen Mahnmal zur Einigkeit der zentralamerikanischen Staaten, das an das Wappen Nicaraguas erinnert.

✝ Die Kirche **La Virgen de la Asunción** am Park, die 1830 renoviert wurde, mit ihrer hübschen, mit aufgemalten Blumen verzierten
Holzdecke.

✱ Der **Malecón**, eine großzügige Uferpromenade, die nur am
Wochenende mit Buden und Besuchern belebt ist. Von dort aus hat man
einen herrlichen Blick auf die leider völlig verseuchte, halbmondförmige
Laguna de Masaya, die in ihren 72 Metern Tiefe angeblich eine riesige
Schlange beherbergt. (Laut unbestätigten Zeitungsberichten wurde das

Kaffeetrocknung in der Provinz Matagalpa (js)

Campesinos (Provinz Matagalpa)(js)

Kriechtier kürzlich mit Nachwuchs beim Überqueren der *Panamericana* gesichtet).

In Masaya, der "Hauptstadt der nicaraguanischen Folklore" werden häufig traditionelle **Feste** gefeiert:

✱   April: die Hunde von Masaya werden zu Ehren von *San Lázaro* in die Kirche gebracht.

✱   Ende September bis Anfang Oktober ist das Fest zu Ehren des Schutzpatrons *San Jerónimo* mit alten Tänzen (*El Torovenado, Los Diablitos, El Toro Guaco* u.a.m.) in malerischen Kostümen.

✱   Zur *Fiesta de la Cruz* im Mai werden Palmwedel zu Ehren der *Virgen de la Asunción* verteilt, der heiligen Jungfrau, die - so will es die Legende - 1772 beim letzten Ausbruch des Santiago die Aschenlawine aufhielt, die die Stadt unter sich zu begraben drohte.

Catarina

4.900 Ew., ⇧ 520 m , ➲ Masaya 8 km sw

Kleine und kleinste Gärtnereien bestimmen das bunte Bild der Siedlung, wo vor fast allen Häusern Blumen blühen. Hinter der Kirche links führt eine kleine Straße zu einem der schönsten Aussichtspunkte, die das Land zu bieten hat, dem **Mirador de Catarina**.
Von der Anhöhe blickt man auf das - je nach Himmelsfarbe - tief-blaue, türkisgrüne oder wolkengraue Wasser des **Kratersees Laguna de Apoyo**. Bei klarem Wetter erkennt man in der Ferne die weißen Kirch-türme von Granada, den Nicaragua-See und den majestätischen Vulkan Mombacho.

⊟✕ Am **Aussichtspunkt** (Eintritt C$ 10) stehen mehrere recht gute Restaurants, von deren windigen Terrassen aus man den phantastischen Blick zum bleibenden Eindruck werden lassen kann.

Der Nachbarort, **San Juan de Oriente**, ist ebenso hübsch wie Cata-rina und zudem bekannt für seine kunstvollen, preiswerten Töpferwaren, die mit alten indianischen Motiven dekoriert sind.

Laguna de Apoyo

Von Catarina aus gibt es keinen befahrbaren Weg zur lockenden Lagune. Der zweigt bei km 38 der Carretera Masaya-Granada ab (Nic 4 anfangs ausgeschildert, nur mit Fahrzeug mit Allradantrieb befahrbar).

Die blaue Lagune, mit 21 km² Wasseroberfläche der **größte Kratersee des Landes**, liegt in einem fast kreisrunden Krater mit steilen, bewaldeten Uferhängen. Die Angaben über ihre Tiefe schwanken zwischen 200 und 1200 m, ebenso schwanken die Angaben über Wesensart und Länge der Seeschlange, die auch hier in der Tiefe hausen soll. Schwimmer läßt sie jedoch unbehelligt. Das Wasser ist sauber und ein kleines "Restaurant" direkt am Ufer am Ende des holprigen Weges bietet einfaches Essen, einen Stuhl und gekühlte Getränke.

Niquinohomo

13.600 Ew., ⇧ 440 m

Von Catarina führt die Nic 18 nach San Marcos über Niquinohomo. Der indianische Name (auf deutsch: "Tal der Krieger"), erinnert an den erbitterten Widerstand der Bevölkerung unter ihrem Kaziken Diriangen gegen die spanischen Eroberer.

Niquinohomo ist auch Geburtsort des kämpferischen Nationalhelden **Augusto César Sandino**. In welchem Haus er 1895 als Sohn einer armen Indianerin unehelich geboren wurde, weiß man nicht mehr genau. Bekannt ist nur das Haus seines Vaters Gregorio, eines wohlhabenden Kaffeepflanzers. Es steht am Nordende des *Parque Central*, ist blau-weiß gestrichen (nicht gekennzeichnet) und dient, nachdem es bis vor kurzem noch Museum war, heute als Bibliothek. Nur noch ein großes Foto erinnert an den kleinen Mann.

⇧ Die **Barockkirche Santa Ana**, erbaut 1698, renoviert 1955, ist stolze zwei Fuß länger als die berühmte Kathedrale von León. Ein kunstvoller Altar und Heiligenfiguren aus dem 17. Jh. lohnen die Besichtigung.

Ein Kuriosum Niquinohomos ist die örtliche Müllabfuhr, ein Kleinstunternehmen von vier Frauen, die zweimal wöchentlich mit einem von Kanada finanzierten Pferdewägelchen die Abfälle der Stadt auf die Müllkippe fahren.

Masatepe

11.300 Ew., ⇧ 455 m, ↻ Managua 48 km, Catarina ca. 8 km (an der Nic 18)

Masatepe, ebenfalls eine alte Siedlung, deren Gründung in die präkolumbianische Zeit zurückreicht, ist das nationale Zentrum der Möbel- und Korbproduktion. Entlang der Straße bieten Händler elegante handgefertigte Möbel aus Rattan oder Peddigrohr an, die es auch im Kleinstformat als Mitbringsel zu kaufen gibt. Zum Ausruhen laden die (zusammenlegbaren und deswegen auch im Flugzeug transportierbaren) Schaukelstühle ein, die auf kaum einer Terrasse der Gegend fehlen.

Das eigentliche Dorf liegt links der Straße. Von dem modernen **Parque Central** hat man einen schönen Blick auf das ländliche Leben in den engen kopfsteingepflasterten Straßen.

✗   Kurz hinter Masatepe (km 52 und km 53) liegen an der Nic 18 zwei gute, preiswerte Freiluftrestaurants mit schönen Gärten, *La Olla de Barro* und *La Bandeja*.

San Marcos

10.000 Ew., ⇧ 552 m

Das Städtchen ist Sitz der **University of Mobile**, einer US-amerikanischen Universität für gegenwärtig etwa 3000 zentralamerikanische Studenten aus gutsituierten Häusern. Der moderne Campus steht in seltsamem Kontrast zu den bescheidenen Häuschen des ärmlichen Ortes. Besucher können das Universitätsgelände besichtigen. Oder auch nicht.

Eine landschaftlich wunderschöne Straße (Nic 76) führt von **San Marcos** über **La Concepción** (**La Concha** im Volksmund) und **Ticuantepe** (ca. 15 km) zurück nach Managua. Man durchfährt auf der streckenweise sehr steilen Straße eine Berglandschaft, die - teils bewaldet, teils mit Ananasplantagen bewirtschaftet - zu den eindrucksvollsten Strecken in Nicaragua gehört.

Granada und der Vulkan Mombacho

Vulkan Mombacho

Zum vorläufig letzten Mal richtete der so gemächlich wirkende Vulkan Mombacho (û 1222 m) Unheil an, als 1570 eine Gesteinslawine ein ganzes Indiodorf unter sich begrub. Seitdem hüllt Granadas Hausberg sein Haupt meist beschämt in eine weiße Wolkenkappe.

Wo die Nic 18 auf die Nic 6 von Granada nach Nandaime mündet, geht ca. 100 m weiter südlich links der nicht gekennzeichnete Zufahrtsweg zum Gipfel ab. Der Feldweg ist allen Anwohnern (und sonst kaum jemandem) bekannt.

Für Ochsenkarren und Jeeps, nicht aber für Gipfelstürmer aus Europa angelegt, ist die Auffahrt streckenweise furchterregend steil. Nur ein Fahrzeug mit Allradantrieb schafft es, in ungefähr einer Stunde.

Durch Kaffeeplantagen, die von Schattenbäumen vor allzuviel Sonne geschützt werden, und durch Bananenplantagen geht es durch das Tor einer *Finca* (manchmal wird hier eine geringe Straßenbenutzungsgebühr kassiert) bergauf.

Die Wolken am Gipfel kommen der Vegetation zugute. Wo die Plantagen aufhören, beginnt der üppige Nebelwald.

Man kann den Wagen bei den von gelangweilten Soldaten bewachten Funkantennen stehen lassen und von da aus den überwältigenden Ausblick auf Granada und die **Isletas,** die Inselchen im Nicaragua-See, genießen.

Ein glitschiger **Fußpfad** führt in einen erloschenen Krater, den kaum ein Mensch je betreten hat. Seine schier undurchdringliche tropische Flora und die wenig erforschte Fauna sind legendär. Wer Pflanzen oder Tiere aus der Kraterwelt mitnimmt oder zerstört, sagen die Bauern, an dem rächt sich der Berg!

Zu Fuß dauert der Aufstieg ca. 4 Stunden, der Abstieg auch!

☺ Proviant, Wasser, Regenschutz und feste Schuhe sollten Sie dabei haben. Auf dem Gipfel ist es kühl!

Granada

74.000 Ew., ⇧ 60 m, ➲ Managua 45 km

- 🛏 Hotel Alhambra am Parque Central, ☎ 552/4486, FAX 552/2035, 50 DZ mB, AC oder Ventilator, Swimmingpool, ab US$ 20/Person. Sauberes, sehr gepflegtes Hotel in bester Lage direkt im Herzen der Stadt.
- ♦ Hospedaje Cabrera, Calle La Calzada, ☎ 552/2781, 12 DZ mB, C$ 30/Person. Einfach, sauber, preiswert.
- ♦ Hospedaje Vargas, Calle La Calzada, ☎ 552/2897, 6 DZ mB o. oB, C$ 30/Person.

- ✗ Etwas teurer, aber gut: Restaurante Los Arrallanes im Hotel Alhambra.
- ♦ Für Schwaben: Yeye Charlys Bar, auf der gleichen Seite des Platzes. Wenn der schwäbische Inhaber nicht verhindert ist, kocht er auch Spätzle und Gulasch.
- ♦ Für Rheinländer: In der Casa de Los Leones bewirtet Sie ein junger Mann aus Neuss mit kleinen Köstlichkeiten.
- ♦ Terraza La Playa im Centro Turístico.
- ♦ Preiswert und gut: Las Colinas, Barrio La Sabaneta, Bull Pen, Barrio La Villa; Rancho Colomea im Centro Turístico.

- 🚌 Alle zwanzig Minuten fahren Busse von Managua (Mercado Roberto Huembes) nach Granada (Abfahrt in der Nähe des Hospitals San Juan de Dios). Die Fahrt dauert ca. 1 Std.
- ♦ Nach Masaya: alle 20 Min.
- ♦ Nach Rivas: stündlich vom Busbahnhof in der Nähe der Kathedrale.
- ♦ Nach Costa Rica: mit dem Tica-Bus tägl. Büro Tica-Bus: von der Kirche San Juan de Dios 1/2 c al Sur.
- 🚤 Theoretisch fahren von Granadas Kai aus russische Tragflügelboote:
- ♦ Nach San Carlos: tägl. außer Mittwoch um 8:30, Ankunft 12:15, Fahrpreis US$ 16.
- ♦ Nach San Carlos und Solentiname: Sa u. So 8:30, Ankunft San Carlos 12:15, ab San Carlos 13:30, an Solentiname 13:45.
- ♦ Vorgesehen sind auch Überfahrten nach Ometepe.
  Da die russischen Motoren sich anscheinend noch nicht akklimatisiert haben, fallen die schnellen Schiffe gelegentlich aus. Vergewissern Sie sich kurz vor Abfahrt (☎ 552-4313).

Granada, *La Gran Sultana*, wie die Granadinos ihre Stadt liebevoll nennen, ist eine Enklave der Vergangenheit, mit seinen kolonialen Bauten und engen Straßen frei von vielen Fehlern, die bei der Modernisierung anderer südamerikanischer Städte begangen wurden.

Gegründet 1524 vom spanischen Eroberer **Francisco Hernández de Córdoba** entwickelte sich Granada dank seiner günstigen Lage am Nicaragua-See zur Handelsstadt und schon bald zur wirtschaftlich wichtigsten Stadt der alten Provinz Guatemala.

Doch die Lage am See und die Verbindung zum Atlantik über den Rió San Juan brachte Granada im Laufe der Jahrhunderte nicht nur Segen. Auf dem gleichen Wasserweg, auf dem zum Wohl der Stadt Kaffee, Kautschuk, Häute und Leder nach Europa transportiert wurden, drangen immer wieder habsüchtige Piraten und Freibeuter ein, die die aufstrebende Stadt brandschatzten und plünderten.

In Asche sank der Stern Granadas 1856, als die liberalen Leoneser im Streit um die Vorherrschaft im Lande den nordamerikanischen Abenteurer William Walker zu Hilfe riefen. Der eroberte 1855 Granada mit seinem Söldnerheer.

In einem Aufflackern von Nationalismus gelang es zentralamerikanischen Truppen, den machthungrigen Eindringling 1856 zu vertreiben. Doch bevor er Granada aufgab, setzten seine Leute die Stadt in Brand. Stehen blieb kaum mehr als ein zynisches Schild, das die abziehende Truppe hinterließ: "Here was Granada".

Doch die Granadinos, an Kummer gewöhnt, begannen schon kurz darauf mit dem Wiederaufbau. Dank der Gewinne aus den Einkünften für Kakao, Kaffee und Vieh zog ab 1870 der Fortschritt in Form moderner Errungenschaften in Granada ein: Straßenbeleuchtung, Telegraf, Telefon, Trinkwasser und Eisenbahn (1866).

Heute ist Granada die schönste Stadt Nicaraguas und interessant in erster Linie für kunstgeschichtlich orientierte Besucher. Die alten Häuser wurden im Kolonialstil wieder aufgebaut oder restauriert (mit finanzieller Unterstützung Spaniens). Die prachtvollsten Häuser sind zumeist im Besitz alter spanischer Familien, die in der Vergangenheit und Gegenwart die Geschicke des Landes mitbestimm(t)en.

Sehenswürdigkeiten

Die zünftigste Art, Granada zu erleben, ist eine Rundfahrt in einer der Pferdekutschen. Sie stehen im Schatten der Bäume am Platz und sind nicht etwa nur Touristenattraktion, sondern übliches Verkehrsmittel.

✳ Plaza de la Independencia

Granadas städtebaulicher Mittelpunkt ist den Plazas der spanischen Städte nachempfunden. Von tropischen Bäumen beschattet, ruht man sich hier aus und läßt das Leben vorüberziehen.

Im Südosten steht die **Kathedrale**. Nachdem die alte Kirche von Walkers Truppen zerstört worden war, begann man 1860 mit ihrem Wiederaufbau. Doch die neuen Mauern mußten gleich wieder eingerissen werden, als man schwerwiegende Konstruktionsmängel entdeckte. Erst 1915 stand der Bau, so wie er heute zu sehen ist.

Mehr als eine Besichtigung des Innenraums lohnt sich allemal der Anblick des weißen, von majestätischen Königspalmen umstandenen Gebäudes unter dem klaren blauen Himmel.

✝♋ Iglesia San Francisco

Im Osten der Stadt, Teil des ehemaligen gleichnamigen Klosters. Der Gründer Granadas ließ 1524 an dieser Stelle eine Kirche aus Holz mit Palmdach errichten, die 150 Jahre später von gotteslästerlichen Piraten abgebrannt wurde. Auch das spätere Gebäude wurde Opfer der Flammen beim Brand von Granada 1856. Heute zeigt sich die Fassade im neoklassischen Stil, das Innere wirkt romanisch.

Hochinteressant ist das neue **Museum** im Klosterbau. Im Freien, von einem Zinkdach gegen Sonne und Regen geschützt, sind über 30 präkolumbianische Statuen aufgestellt, die auf der Insel **Zapatera** geborgen wurden. Die verwitterten *Idolos* stellen Gottheiten und Menschen dar, oder Mensch und Tier (meist Jaguar, Krokodil, Koyote und Adler) in einem Leib. Hier äußert sich der indianische Glaube, daß jedem Mensch von der Geburt bis zum Tod ein Tier *(nagual)* als Gefährte, als zweites Ich, zugesellt ist.

Das volkskundlich-historische Museum zeigt u.a. kunstvoll nachgestellte Szenen aus dem präkolumbianischen Alltag.

♦ Tägl. außer feiertags 🕒 9:00 bis 17:00, Eintritt C$ 10.

✝ Iglesia La Merced (Calle Real/Avenida 14 de Septiembre)

Auch hier stand ursprünglich ein Holzbau mit Palmdach. Mit dem Bau der neuen Kirche wurde 1740 begonnen, 1867 wurde das Gebäude renoviert.

✝ Iglesia de Guadelupe

an der Calle La Calzada im Osten der Stadt; Markstein am Ende der Straße, die direkt zum Hafen führt. 1856 verschanzten sich Walkers Truppen für 18 Tage im Gotteshaus und ramponierten die Innenausstattung. Ihre endgültige Form erhielt die Kirche 1958.

✝ Iglesia de Jalteva

in der Calle Real im Westen der Stadt, wo vor der Eroberung das Indio-Dorf Jalteva stand. Die Kirche wurde in der Kolonialzeit erbaut und ihrer

Pferdekutsche in Granada (vs)

Festung Inmaculada Concepcíon (vs)

Lage wegen als Festung benutzt. Im Bürgerkrieg zerstört und durch die Erdbeben von 1890 schwer beschädigt, erhielt ·sie ihre heutige Form 1898.

Auf der **Plaza de Jalteva** fand früher der Markt statt, später wurden hier *Cabildos* (Versammlungen) abgehalten. Der Platz ist von Mauern aus dem 18. Jh. eingegrenzt, über deren Bedeutung man sich bis heute den Kopf zerbricht. Wurden sie als Schutz gegen rebellierende Indios von Jalteva oder als Damm gegen die winterlichen Schlammlawinen des Vulkans Mombacho errichtet? Eine Inschrift in der Mauer könnte darüber Aufschluß geben, jedoch hat bisher noch niemand die geheimnisvollen Zeichen entziffern können.

✱ El Cementerio
Auf jeden Fall lohnt sich ein Spaziergang über den alten Friedhof Granadas, wo unter anderen epochemachenden Männern auch der erste nicaraguanische Präsident, **Fruto Chamorro**, sich von seinem Wirken ausruht. Mit irdischen Gütern einst gesegnete Granadinos ruhen hier inprachtvollen Mausoleen, die an Komfort und Haltbarkeit die Unterkünfte der meisten lebenden Landsleute weit übertreffen.

✱ Casa de los Tres Mundos
Das Gebäude liegt neben dem Postamt in der Nähe des Parks. Der Adelssitz aus dem 16. Jh. ist im spanischen Kolonialstil erbaut und hat seine geschmackvolle Restaurierung dem Idealismus des nicaraguanischen Priesters und Poeten **Ernesto Cardenal** und des österreichischen Schauspielers **Dietmar Schönherr** zu verdanken. Mit Spendenmitteln von über einer Million Mark restauriert und 1992 der Stadt Granada übereignet, hat sich die Casa de los Tres Mundos (ursprünglich: Casa de los Leones, deswegen die beiden steinernen Raubtiere über dem Portal) heute einen Namen als Kultur- und Künstlerförderungszentrum gemacht.

⌘ Festung La Pólvora
Mit dem Bau der Festung am Ende des Callejón La Pólvora wurde 1748 begonnen. Schon ein Jahr später fertiggestellt, diente das Gebäude als Munitionslager zur Verteidigung Granadas und des Río San Juan im 18. Jh. Später war es Kaserne und Gefängnis.

Zur Zeit befindet sich innerhalb der ihrem Zweck entsprechend nüchternen Wände ein martialisches Museum für moderne Waffen, mit denen die Großmächte der Welt das Land im Bürgerkrieg ausstatteten (auch die Bundesrepublik). Zur Erholung kann man von einem der

Wachttürme den Blick über die jetzt so friedlich anmutende Stadt und die wunderschöne Landschaft schweifen lassen.

♦ Das Museum ist täglich 🕓 von 9:00 bis 17:00, Eintritt C$ 5.

Für den Abend bietet sich in Granada ein Aufenthalt im **Centro Turístico** am Ufer des großen Nicaragua-Sees an (Eintritt C$ 10). In zahlreichen Restaurants und Diskotheken spielt sich hier, besonders am Wochenende, ein Nachtleben ab, das das der zerstörten Hauptstadt Managua provinziell wirken läßt.

✳ Feiertag: 29.06. *Fiesta de San Pedro.*

Isletas

🛏 Las Cabañas de Cocibolca, Isla La Ceiba, ☎ (Managua) 2281316/7, ꜰᴀX 2222706, 10 DZ mB, AC, Vollpension US$ 50/Person. Sehr hübsche, gepflegte kleine Anlage auf einer winzigen Insel, ca. 15 Min. Bootsfahrt von Puerto Asese. 🐚 🛶.

Traumhaft schön sind die **Isletas**, ca. 360 kleine und kleinste Inseln im Nicaragua-See, der **Halbinsel von Asese** vorgelagert. Die Inselchen sind vulkanischen Ursprungs, üppig bewachsen und fast alle bewohnt. Es gibt sogar eine Insel mit Schule für die kleinen Insulaner, die schon rudern können, bevor sie lesen lernen.

☺ Inselrundfahrten (1 Std, C$ 100) werden in Puerto Asese (5 km von Granada, unregelmäßiger Busverkehr, Taxis) von verschiedenen Unternehmern angeboten. Die Anfahrt ist in Granada ausgeschildert.

Zapatera-Nationalpark

Auf der rund 60 km² großen Insel **Zapatera** wurden zahlreiche präkolumbianische Statuen gefunden, die heute teilweise im Museum San Francisco ausgestellt sind.

Man nimmt an, daß Zapatera vor der Ankunft der Spanier eine indianische Kultstätte war. Mit Glück kann man auch heute noch Zeuge von Ausgrabungen werden.

Petroglyphen (Felsritzungen) und einen herrlichen Rundblick gibt es auf der kleinen Nachbarinsel von Zapatera, **El Muerto** (ebenfalls Naturschutzgebiet).

Strand auf Corn Island (vs) ☞

Für Archäologen und Ethnologen sind die Inseln wahre Fundgruben, zumal Alter und Bedeutung der steinernen Zeugnisse noch im Dunkel der Vergangenheit verborgen liegen.

Ein Boot kann man mieten in **Puerto de Asese**, die Fahrt dauert je nach PS ca. 1:30 Std., der Preis ist von Ihrem Verhandlungsgeschick abhängig. Badesachen mitnehmen!

Ometepe

276 km², ➲ Managua 116 km

○◔☏ Service in Moyogalpa und Altagracia.
🏦 Geldumtausch: BND in Moyogalpa, auch Travellerschecks.

🚌 Von Managua nach Rivas stündlich (Roberto Huembes).
Von Rivas nach San Jorge ständig.

⛴ Ab San Jorge, 4 km östlich von Rivas, von Managua kommend in Rivas am Ortseingang zwischen Shell-Tankstelle und Tropigas links auf die Kirche zu, vor der Kirche links, die erste Teerstraße rechts bis zur Anlegestelle.

◆ San Jorge-Moyogalpa: Mo bis Sa 11:00, 12:00, 15:00, 17:00, So 10:00, 17:00 (16 km, ca. 1 Std, C$ 10).

◆ Schnellboot (ca. C$ 25, 30 Min.): Mo bis Sa (außer Mittwoch) 10:00 u. 18:00, So 18:00.

◆ Moyogalpa-San Jorge: Mo bis Sa 6:00, 6:30, 7:00, 1:30, So 7:00, 13:30.

◆ Schnellboot: Mo bis Sa (außer Mittwoch) 8:15 u.17:00, So 8:15, 17:00.

Für den Verkehr nach Granada, San Carlos und Solentiname sind am Wochenende moderne **Tragflügelboote** vorgesehen, die nach Bedarf eingesetzt werden und aus technischen Gründen noch häufig ausfallen. Erkundigen Sie sich unter ☏ 552/4313.

Für Autos gibt es gegen geringe Gebühr eine bewachte Abstellmöglichkeit am Hafen von San Jorge.

🚐 Auto- und Motorradverleih: Cari Hotel Marina.

"Genießen Sie unsere Strände, Berge und Wälder, lernen Sie unsere natürlichen und archäologischen Reichtümer, unsere einmalige Vulkanlandschaft, unser friedliches und gastfreundliches Ambiente kennen", fordert ein Werbeprospekt den Besucher auf.

Keine Übertreibung. Tatsächlich ist die zum Naturschutzgebiet erklärte Insel eines der lohnendsten Reiseziele des Landes.

Als die Nicaraos vor ungefähr 1000 Jahren aus Mexiko vertrieben wurden, verhieß ihnen eine Prophezeiung, sie würden auf der "Insel der zwei Berge" im Süßwassermeer Land und Frieden finden. Die Vorfahren so vieler Nicaraguaner folgten dem Ruf und ließen sich auf Ometepe nieder (aus den *Nahuatl*-Wörtern *ome*: "zwei" und *tepetl*: "Berg").

Tatsächlich besteht die Insel aus zwei durch eine schmale Landenge miteinander verbundenen, hochaufragenden Vulkanen: dem erloschenen **Madera** (⇧ 1.394 m) und dem **Concepción** (⇧ 1.610 m, letzter Ausbruch 1957), der sein majestätisches Haupt meist in eine Kappe aus dichten Wolken hüllt.

In von Vulkanasche gedüngten Ebenen und an Berghängen fanden die Indianer ein fruchtbares, friedliches Siedlungsgebiet. Inzwischen hat die Insel etwa 30.000 Ew. Es entstanden die beiden Städtchen **Moyogalpa**

(2.470 Ew.) und **Altagracia** (2.719 Ew.) sowie 30 kleine Siedlungen am Fuß der Vulkane. Noch heute leben die Bewohner Ometepes in erster Linie von Ackerbau und Fischfang im großen Nicaragua-See. Erst in den letzten Jahren bildet auch der zaghaft anwachsende Tourismus eine zusätzliche Einnahmequelle.

✱   **Feiertage:**

23. 07. bis 26.07. *Fiestas Patronales de Santa Ana.*

13.11. *Fiestas Patronales de San Diego* mit *Baile del Zompopo,* einem Tanz, der seit Anfang des 17. Jhs. zu Ehren des Schutzheiligen getanzt wird, nachdem er die Insel von der Plage der *zompopos* (Blattschneiderameisen) befreit hatte.

Moyogalpa

- 🛏 Hotel Ometepetl, direkt an der Anlegestelle, ☎ 45/94276, DZ mB und Ventilator US$ 15, DZ mB und AC US$ 20. Bei dem relativ hohen Preis lassen Sauberkeit und Service zu wünschen übrig.
- ◆ Cari Hotel Marina direkt am See, ☎ 45/94263, 25 DZ mB mit AC US$ 35. 🛍, 🛶, 🚲
- ◆ Hotel El Pirata, ☎ 45/94262, DZ mB und Ventilator US$ 13, DZ mB und AC US$ 22. Einfach, gepflegt und freundlich.
- ◆ Mehrere einfache Hospedajes.
- ✗ Einfache Restaurants mit sättigendem Essen ohne wesentliche Qualitäts- oder Preisunterschiede.

Moyogalpa ist das Hafenstädtchen, in dem man mit der Fähre aus San Jorge ankommt (16 km vom Festland). Es ist Handelszentrum und verfügt über die meisten Unterkünfte und Restaurants der Insel.

- 🛈 Auskunft erhält man bei *Ecotur Ometepe,* vom Hafen 100 m nach Osten und 150 m nach Süden. Eine Organisation, die mit Hilfe Dänemarks den Öko-Tourismus auf der Insel fördert. Ecotur gibt Auskunft über Unterkunft, Ausflugsmöglichkeiten und alles, was Gäste wissen wollen. Außerdem vermittelt das Unternehmen 🛍, 🛶, 🚲.

Altagracia

- 🛏 Hotel Central, ☎ 552/6072, DZ mB und Ventilator US$ 4/Person. Sauber, freundlich.

- ◆ Hospedaje Castillo, ☎ 552/6045, DZ oB ca. US$ 3/ Person. Sauber, freundlich, Treffpunkt der Backpacker.
- ✗ Einfache Restaurants mit sättigendem Essen ohne wesentliche Qualitäts- oder Preisunterschiede.

Sehenswert sind in diesem sehr viel ruhigeren Städtchen das **archäolo- gische Museum** (tägl. ☐ von 8:00 bis 12:00 und von 13:00 bis 17:00) und die vor der **Kirche** von Altagracia aufgestellten *Idolos*, altertümliche Steinfiguren unbestimmten Alters, die Menschen, Tiere oder menschliche Figuren mit Tierköpfen darstellen.

Fortbewegen kann man sich auf der Insel zu Fuß, per Pferd, im Taxi oder mit einem der öffentlichen Busse, deren Abfahrt sich nicht unbe- dingt nach dem Fahrplan richtet. In der Nähe des kleinen Ortes **Urbaite** reiten die Leute auch ihre Stiere, als wäre das ganz selbstverständlich.

Ausflüge

Vulkan Concepción
Aufstieg über kahle, lavabedeckte Hänge und durch die Restbestände tro- pischen Trockenwaldes. Der Aufstieg dauert fast einen halben Tag und erfordert sehr gute Kondition und Trittsicherheit.

Vulkan Madera
Aufstieg durch Regenwaldgebiete, wo noch Brüllaffen, Gürteltiere, Le- guane, Rotwild, Raubkatzen, Boas und angeblich mehrere hundert Vo- gelarten hausen. Der mehrstündige Aufstieg wird durch den Anblick der wunderschönen Kraterlagune auf dem Gipfel belohnt.

☺ Für beide Ausflüge: Proviant und reichlich Trinkwasser mitneh- men! Führer bei *Ecotur* anheuern!

Petroglyphen
Ometepe gilt als eines der ältesten Siedlungszentren Nicaraguas. Zeugnis davon geben auch die Petroglyphen auf der ganzen Insel. Ein landschaftlich besonders schöner Spaziergang (Trinkwasser mitnehmen!) ist der zur *Finca* von Don Lisandro am Hang des Madera (auf dem Weg nach Balgüe).

Hier findet man in Bananenpflanzungen und auf Viehweiden die eindrucksvollen Petroglyphen, Felsgravuren, deren Bedeutung und Alter noch weitgehend unerforscht sind. Teilweise handelt es sich hier um figürliche Darstellungen, immer wieder um Ornamente, vor allem aber um Spiralen, Kreise und geometrische Figuren, die möglicherweise Sternbilder darstellen. Dem Maya-Kalender ähnliche Felsbilder geben zu Vermutungen Anlaß, daß man hier die Zeit nach einem ähnlichen Schema einteilte.

Den genauen Weg (ca. 30 Min. von der Straße hangaufwärts) können Sie im Hotel *Villa Paraíso* erfragen. Die Eigentümerin spricht Deutsch.

Charco Verde

ist eine Lagune mit grünem Wasser am Istmo de Istian (10 km von Moyogalpa) mit Wasservögeln, Krokodilen, Land- und Wasserschildkröten. In Ometepe, dessen ältere Bewohner die Insel zum Teil nie verlassen haben, halten sich noch Sagen und Legenden wie die

Legende vom Chico Largo

Jedes Kind in Ometepe kennt die Legende vom Chico Largo, vom großen Jungen, der im Charco Verde wohnt. Chico Largo ist ein Ururenkel weiser Zauberer aus der Zeit vor Kolumbus. Soweit sind sich die Erzähler einig. Dann scheiden sich die Geister. Ein alte Frau erzählte mir:

Wenn ein Inselbewohner in Not gerät, kann er mit Chico Largos Vertreter auf der Erde einen Pakt schließen. Don Emilio Moreno heißt er, und hinter ihm verbirgt sich niemand anderes als der Teufel selbst. Chico Largo gibt seinem Partner alles, was er braucht. Aber irgendwann muß der Schuldner zurückzahlen. Wenn er das nicht kann, verwandelt Chico Largo ihn in ein Schwein oder ein anderes Haustier. Nachts, erzählt sie, irren die Seelen der Verzauberten über die Insel und warnen die Isleños mit tierischen Klagelauten vor dem verhängnisvollen Bündnis.

Eine zweite, weniger vom europäischen Kulturgut beeinflußte Variante, erzählte mir ein Guide: Bei Ankunft der Spanier versteckten sich viele Inselbewohner. Chico Largo und seine Mutter flohen in die unterirdische Welt unter der grünen Lagune. Hier leben sie fort und bewahren das alte Wissen und die Traditionen der Eingeborenen.

Die dritte Version der Legende macht aus Chico Largo einen alten Indio, der das Grab des Häuptlings Nicarao hütet, des Anführers der Indios, die aus Mexiko nach Nicaragua einwanderten und dem Land den Namen gaben. Unter den grünen Wassern des Charco Verde ist er begraben.

Playa Sto. Domingo

Im Nordosten am Isthmus gelegen, im Sommer der schönste Sandstrand der Insel, Bademöglichkeit (flach) und Strandspaziergänge.

Villa Paraiso am Strand von Santo Domingo, ☎ 45/34675 (Ometepe), 2440181 (Managua). Die kleine Bungalowanlage am Seeufer inmitten tropischer Bepflanzung wird von einem österreichisch-nicaraguanischen Ehepaar sehr gut geführt. 10 DZ mB. 5 Mehrbettzimmer oB. US$ 20 bis 30/DZ. Gute (auch österreichische) Küche. Vermietung von 🐎, 🚲 und Guides.

◆ Finca Santo Domingo, einfache DZ oB US$ 4/Person.

Von Managua nach León

Von Managua aus führen zwei Straßen nach León: Die *Carretera Vieja a León* (Nic 12 in Küstennähe, Abzweigung nach El Tránsito und El Velero), und die *Carretera Nueva a León* (Nic 28 über Mateare und Nagarote). Sogar Reisebuchautoren verwechseln die beiden Straßen gern, da die ältere in besserem Zustand ist als die auch schon jahrzehntealte "neue".

Auf der Carretera Vieja

Die Carretera Vieja verläuft parallel zur **Sierra de Managua**, einem Höhenzug, über den früher der Hauptverkehrsweg zwischen Managua und León führte. Bei km 45 biegt links eine Schotterstraße nach **El Transito** ab (etwa 15 km), einem dunklen Pazifikstrand, der so einsam ist, daß man unter der Woche hier nicht einmal ein Getränk kaufen kann.

Geradeaus geht es weiter Richtung León. Genügsame *Jícaros* (Kalebassenbäume) und andere widerstandsfähige Vegetation säumen die schnurgerade Straße.

Bei km 59 zweigt die Nic 52 nach Puerto Sandino (früher Puerto Somoza) und zum Badeort El Velero ab.

Puerto Sandino, einst ein wichtiger Handelshafen, hat nach dem Ausbau des Hafens von Corinto seine Bedeutung verloren. Im Moment bleibt der Handvoll Menschen, die hier noch lebt, anscheinend nichts weiter übrig, als auf bessere Zeiten zu warten.

☞ **El Velero** hingegen lohnt den Besuch. Es ist einer der vielen unendlichen Strände, wo man die übrigen Badegäste (es gibt sie nur am Wochenende) schnell aus den Augen verliert. Die gute Straße führt bis zum Ferienzentrum (Eintrittsgebühr). Außer Sonne, Sand und Meer hat El Velero ein paar Strohdächer zu bieten, unter denen man seine Hängematte aufhängen kann. Ein paar kleine Restaurants öffnen am liebsten nur feiertags und am Wochenende.

Etwa 60 km von Managua vereint sich die *Carretera Nueva a León*, die streckenweise am Managua-See entlang führt, mit der *Carretera Vieja*.

Auf der Carretera Nueva

Die *Carretera Nueva a León* (Nic 28) beginnt in Managua beim Parque las Piedrecitas und führt über die Orte **Mateare** und **Nagarote** streckenweise am Ufer des Managua-Sees entlang.

✗🏠 Auf der rechten Straßenseite lädt zwischen km 31 und km 32 der *Parador Oasis del Viajero* mit einem herrlichen Blick auf den See und den **Vulkan Momotombo** (⇧ 1222 m) zum Essen ein.

Nach km 52 ist die Abzweigung zu den **Ruinas de León Viejo** ausgeschildert. Man folgt einer Schotterstraße. Rechter Hand hat man einen unverstellten Blick auf den Momotombo. Eine dünne Rauchfahne aus dem Gipfel zeigt, daß der Vulkan noch aktiv ist. An seiner Westseite liegt das geothermische Kraftwerk *Patricio Argüello*, das vulkanische Energie zur Stromversorgung des Landes nutzt.

León Viejo

Nach ca. 30 Minuten Autofahrt (auch mit PKW ohne Allradantrieb möglich) durch eine einsame Gegend kommt man unvermutet in einer kleinen Stadt an, **Puerto Momotombo**, gegründet 1884, der erste Binnenhafen Nicaraguas, der seine Bedeutung verlor, als die Eisenbahnlinie eingestellt wurde, die Ende des 19. Jhs. den Ort mit Corinto verband.

Gegründet wurde die Siedlung 1524 als spanische Stadt mit Markt, Plaza, Kirche und Kathedrale. Von den alten Gebäuden sind nur noch die sorgfältig konservierten Grundmauern zu sehen: die **Kathedrale**, erbaut 1528, in deren Sakristei 1550 ein Bischof ermordet wurde, der sich für die bessere Behandlung der Eingeborenen eingesetzt hatte, die **Ruinas de la Fundicion**, wo das Gold von Las Segovias zu Münzen geprägt und geschmolzen wurde, die **Ruinen der Casa de los Aullidos**, des Hauses der Schmerzensschreie, wo gefangene Indios gebrandmarkt wurden, und die **Iglesia de La Merced** mit einer Statue der *Virgen de la Merced*, die aus Spanien nach León überführt wurde.

Nach kaum 70 Jahren zogen die Neu-Leoneser schon wieder um, erschreckt von einem Erdbeben, beunruhigt von den Aktivitäten des Momotombo, weil die nötigen Arbeitskräfte - Indios, die wie Lasttiere behandelt wurden - ausgestorben waren, und weil man nach dem Tode des Bischofs fürchtete, die Stadt habe den Zorn Gottes auf sich gezogen. Über 200 Jahre lang war die Siedlung vergessen, bis in diesem Jahrhundert einheimische Archäologen die Ausgrabungsarbeiten einleiteten.

♦   Die Ruinen von León Viejo sind ausgeschildert, ganztags geöffnet, solange es hell ist. Für Ausländer kostet der Eintritt samt Führung C$ 10. Die Führung dauert etwa 30 Min. und lohnt sich auf jeden Fall, weil sie anschaulich Einblick in die rauhen Sitten des kolonialen Nicaragua gewährt.

⌘   In unmittelbarer Nähe der Ruinen befindet sich das **Museo de Imabite**, benannt nach der indianischen Siedlung am Fuße des Momotombo, die der See überspülte, lange bevor die Spanier kamen. (Der Name setzt sich zusammen aus: *nimbo* (Wasser) und *ite* (verschlucken)). Was im Museum ausgestellt wird, sind über 150 Fundstücke wie Keramik und Statuen präkolonialer Zeit, die der See im Laufe der Jahre freigab.

♦   Der Eintritt ist frei, eine kleine Spende wird gern angenommen. Täglich
⏰ 8:00 bis 17:00.

✋   In Puerto Momotombo gibt es keine Unterkunft und kein Restaurant! Busse von La Paz Centro mehrmals täglich.

Ausflüge

⚲   **Laguna de Asososca**, am Fuß des Vulkans El Hoyo. Den Weg muß man sich von Ortskundigen genau beschreiben lassen. Von der Schotterstraße vor der Brücke nach links, dann ca. 15 Min. im Allradfahrzeug nach NW. Herrliche Lagune, phantastisch zum Baden, vom Tourismus unberührt.

✱   **Die heißen Quellen von San Jacinto** *(Hervideros de San Jacinto)*
Bei Telica zweigt kurz vor León die Nic 26 rechts nach **Malpaisillo** ab. Man fährt mitten durch eine Kette eindrucksvoller Vulkanmassive, u. a. *El Hoyo* (⬆ 1008 m), *Cerro Negro* (⬆ 675 m), *Telica* (⬆ 1061 m) und *San Cristóbal* (⬆ 1745 m) (von Süden nach Norden). Das Firmenschild von *Intergeotherm* bei km 116 weist auf ein russisches Projekt zur Stromerzeugung mit Heißluft aus dem Telica-Vulkan hin.

Der eher unscheinbare *Cerro Negro* ist in den letzten 5 Jahren fünfmal ausgebrochen. Seine Rauchsäulen stiegen so hoch, daß der internationale Flugverkehr umgeleitet werden mußte. Ascheregen bedeckte die umliegenden Felder und die Stadt León immer wieder mit einer dicken, grauen Schicht.

Beim Restaurant *Rancho San Jacinto* am gleichnamigen Ort (11 km nach der Abzweigung) biegt man ab zu den **heißen Quellen**. Vom Torbogen aus sind es nur noch ein paar Schritte. In einer Bodensenke sprudelt aus mehreren Löchern kochendheißer Schlamm und in der Regenzeit kochendheißes Wasser aus der vernehmlich blubbernden Erde.

✋   Verlassen Sie die ausgetretenen Wege nicht! Die Erdschicht ist dünn und so heiß, daß Gummisohlen schmelzen.

León und Umgebung

125.000 Ew., ⇧ 109 m, ➲ Managua 93 km, Partnerstadt von Hamburg

🏦 De la Plaza 1 c al Norte.

ⓘ *Telcor* gegenüber der Kathedrale.

🛏 Hotel Europa, ☎ 311 6040, 3. Calle Noreste, 4. Avenida. 30 DZ mB, teilweise mit AC. DZ ab US$ 25, (TV C$ 50 Aufschlag) EZ ab US$ 12. 30jährige Tradition, hübsche Zimmer zum Garten; gepflegt, familiär. Bewachter Parkplatz.

◆ Hotel Colonial, ☎ 311 2279 de la UNAN (Universität) 50 v. al Norte. Von außen imponierender renovierter Kolonialbau, für innen ging wohl das Geld aus. Trotzdem bewohnbar. 12 DZ teilweise m AC, teilweise mB. Das billigste EZ ist ab US$ 16 zu haben.

◆ Hotel América, ☎ 311 5533, del Mercado Central 1 c al este, 9 DZ mB, DZ ab US$ 9.

✕ Restaurante y Disco Las Ruinas, de la catedral 1 c al Oueste. Preiswert und gut.

◆ Restaurante El Sesteo, an der Plaza, mit Tischen auf dem Bürgersteig, interessant zum Schauen, mittelmäßiges Essen.

◆ Restaurante Lacmiel, frente al Restaurante Caña Brava. Speisekarte mit ungewöhnlich großer Auswahl.

◆ Restaurante El Bosque, auf der rechten Seite an der Straße nach Poneloya. Volkstümliches Gartenlokal, das auch nationale Spezialitäten wie *cusuco* (Gürteltier) und *garrobo* (Leguan) zubereitet.

◆ **Snacks**: Las Payitas bei der Kirche La Merced (studentisches Publikum).

🚌 Busbahnhof im Norden am Mercado Nuevo. Von hier fahren ständig Busse nach Managua (Fahrzeit ca. 1:30 Std.), nach Norden (Chichigalpa, Chinandega, Corinto) und nach Poneloya. Mehrmals täglich auch nach Matagalpa, Estelí und El Sauce.

Über 200 Jahre lang war León Nicaraguas Hauptstadt, bis Managua diese Funktion 1852 übernahm. Mit Granada, seiner Rivalin über lange Zeit, war León religiöses, politisches und kulturelles Zentrum des Landes. Die Leoneser erheben den Anspruch, auch intellektuelles Zentrum des Landes zu sein, zumal León Standort der zweitältesten mittelamerikanischen Universität (gegründet 1812) mit derzeit 6000 Studenten ist.

Sehenswertes

✱ Im Herzen der Stadt liegt die große **Plaza**, ein sonnendurchglühter Platz mit viel Stein, wenig Bäumen und entsprechend wenig Publikum. Umgeben ist der Platz von alten Gebäuden aus der Kolonialzeit. Man sollte die Abenddämmerung, wenn die schweren Holztüren der Häuser sich öffnen, unbedingt für einen Blick ins Innere nutzen. Von außen eher unscheinbar, erstrecken sie sich nach innen in ungeahnten Ausmaßen mit einer eindrucksvollen Innenarchitektur, gepflegten Innenhöfen und Möbeln, die den Glanz vergangener Zeiten ahnen lassen.

✞ Die **Kathedrale** gilt als die größte Mittelamerikas. Baubeginn war 1747 und es dauerte 100 Jahre, bis das mächtige Bauwerk vollendet war. Zwei steinerne Löwen, Wahrzeichen der Stadt, bewachen das Haupteingangsportal. Die kostbaren Altäre, Statuen (u.a. eine Christusstatue aus Elfenbein und der dunkle Christus von Esquipulas), die Darstellung des Kreuzweges auf gigantischen Wandgemälden und das kunstvoll geschnitzte Chorgestühl der Barockkirche dokumentieren die Entwicklung der religiösen Kunst in Mittelamerika. Besonders ausdrucksvoll ist der zornig-schmerzliche Ausdruck im Gesicht des Löwen aus Marmor, der auf dem Grab des zu jung verstorbenen Dichters **Rubén Darío** um den Toten trauert. Auch andere Intellektuelle und Dichter, die es zu nationalen Ehren brachten, liegen im gigantischen Kirchenschiff begraben.
Anläßlich der 500-Jahr-Feier zur Entdeckung Amerikas wurde die Kathedrale mit finanzieller Unterstützung aus Spanien 1992 renoviert.

✞ **Iglesia de Subtiava** (erbaut 1530), im gleichnamigen Stadtviertel mit ihrem riesigen Glockenturm. In Subtiava werden zur Osterzeit die Straßen mit Bildern aus bunt gefärbtem Sägemehl geschmückt, über die dann die Prozession der Gläubigen hinwegzieht.

✞ **Iglesia de la Merced** (1613 bis 1615). In dieser Kirche fand die Virgen de la Merced aus León Viejo nach dem Umzug 1609 ihren Platz. Jeden zweiten Sonntag im November wird sie in einer feierlichen Prozession wieder für ein paar Tage nach Puerto Momotombo gebracht.
Sehr eindrucksvoll ist die Barockfassade mit ihren gedrehten Säulen.

✞ **Iglesia de la Recolección** aus dem 18. Jh., renoviert 1996 mit spanischen Spendengeldern. Eine ockergelbe Fassade zeigt ungewöhnliche Reliefs, die u.a. die handwerklichen Berufe symbolisieren. Innen lohnen die wundervolle, holzgetäfelte Decke sowie die aus Spanien eingeschifften Heiligenstatuen.

✞ **Iglesia El Calvario**
Bewegend ist die lebensnahe Darstellung der Statuen der drei Gekreuzigten am Eingang.

☺ Fast alle Kirchen sind nur während der Gottesdienste geöffnet.

⌘   Das **Museo de Los Mártires** in der **Calle a Poneloya**, zeigt Fotos und persönliche Habe der jungen Widerstandskämpfer gegen das Somoza-Regime. Die Gedenkstätte, gegründet 1984, wird von Verwandten der Opfer betreut. Im hinteren Teil des vornehmen alten Hauses befindet sich ein Kunstgewerbeladen, aus dessen Erlös die Verwaltung des Museums finanziert wird.

◆   Ganztags geöffnet; eine Spende wird gern entgegengenommen.

✳   **Casa de La Cultura**, de la Iglesia de la Merced 1 1/2 c. al Oeste, auch ein sehr ansehnliches altes Haus im Kolonialstil, wo Kunstausstellungen und andere Kulturveranstaltungen stattfinden.

◆   Im **Café** in der Eingangshalle kann man einen Imbiß zu sich nehmen.

⌘ **Museo Rubén Darío**, von der Kathedrale 300 m nach Westen. Der Dichter verbrachte hier im Hause seiner Großeltern seine ersten 14 Lebensjahre. Sämtliche Werke sind in Vitrinen ausgestellt. Prunkstück ist der Diplomatenfrack, den er als Botschafter Nicaraguas in Spanien trug. Sein Bett, seine Totenmaske und Briefe ergänzen die Ausstellung in dem einfühlsam renovierten Haus von 1850.

◆   Di-Sa ⌇ von 9:00 bis 12:00 und 14:00 bis 17:00, So 9:00 bis 12:00.

✳   **Wandfresko**, gegenüber vom Straßencafé *el Sesteo* an der Plaza. Künstler aus Nicaragua und Hamburg schufen hier 1988 ein phantastisches Wandgemälde, das symbolisch die Geschichte des Landes von den Anfängen bis zur Gegenwart darstellt (von links nach rechts). Der große grüne Koloß ist nur für Eingeweihte zu erkennen: Es handelt sich um die vom Sockel gestürzte Statue des Diktators Somoza.

✳   **Teatro Municipal**. Mit Spenden der Partnerstadt Hamburg 1995 renoviert, eine prächtige Fassade in Orange. Die Bestuhlung im Foyer stammt aus dem Thalia-Theater, die soliden Wollbezüge kratzen das hiesige, leicht bekleidete Theaterpublikum.

✳   Speziell für patriotische Hamburger: Im kleinen **Parque Rubén Darío** steht ein Gedenkstein für die "markige Brüderlichkeit" zwischen Herrn Voscherau und seinem Leoneser Kollegen.

✳   **Fiestas:** 24.09. *Virgen de La Merced*; eindrucksvolle Prozessionen und Tänze zu Ehren der Jungfrau, prächtiges nächtliches Feuerwerk. 07.12. *Día de al Gritería*; Gesang, Umzüge von Hausaltar zu Hausaltar.

Strände bei León

🛏 Hotel Lacayo, direkt am Strand. Malerisches Holzgebäude mit einem sehr untypischen, weil unfreundlichen Besitzer, der keine Lust hatte, über sein Hotel Auskunft zu geben. Dann kommen eben keine deutschen Gäste.

♦ Nicht direkt am Strand, aber sehr viel freundlicher: La Posada, ☎ 3174212, hinter Hotel Lacayo an der Straße. 16 DZ, alle mB teilweise mit AC, DZ C$ 150. Einfach und zweckmäßig. Bewachter Parkplatz.

In Las Peñitas:

♦ Hotel Suyapa Beach, ☎ 317390, 1 km nach Abzweigung Las Peñitas. Direkt am Strand, sehr schön gelegen, hübscher Garten. 12 DZ mB, teilweise mit AC, DZ C$ 90/Person. Die mit Betten und sonst nichts vollgestellten Zimmer laden dazu ein, möglichst den ganzen Tag draußen zu verbringen, bzw. auf der hübschen Dachterrasse mit Meeresblick.

✕ Restaurante Cáceres und La Peña del Tigre, mit Meerblick und gehobenen Preisen.

♦ In den o.g Hotels, Hauptmalzeit um C$ 40.

♦ Mehrere Restaurants und Imbißbuden direkt am Strand.

🚌 Stündlich Busse von und nach León.

Poneloya

🏖 Ca. 20 Autominuten von León nach Westen (Nic 14). Im Sommer verlangt der Ort, und das ist wohl einmalig in der Welt, von Fremden eine - wenn auch geringe - Eintrittsgebühr. Poneloya ist Badestrand der Leoneser. Zu Weihnachten, Ostern und an Sommerwochenenden herrscht hier Hochbetrieb. Der Strand ist palmenbewachsen, das Wasser türkis, das Baden wegen der starken Strömungen nicht ungefährlich. Auf keinen Fall sollte man hinausschwimmen.

Playa Las Peñitas

🏖 An der Ortseinfahrt von Poneloya links (ausgeschildert). Der Strand ist so schön, und die Wellen sind so hoch, und auch hier empfiehlt es sich, beim Baden den Boden unter den Füßen zu behalten.

🚣 Bootsfahrten nach **Salinas Grandes** über das offene Meer und zurück durch einen *Estero*, einen mit Mangroven bestandenen Flußarm, bieten Fischer der Genossenschaft *Majewi* in La Peñitas an. Eine gute Gelegenheit, die Fauna und Flora der Mangrovenwälder kennenzulernen. Die Fahrt dauert ca. 6 Std., Preis für das Boot: bis 8 Personen ca. C$ 400. Erkundigen Sie sich im *Suyapa Beach* nach Don Jorge Maravilla.

Von León nach Norden

Man fährt durch weite Ebenen, wo seit Ende der fünfziger Jahre Baumwolle in Monokultur angebaut wird. Rechts und links der Straße stehen große Wellblechbauten, *Cotton Gins* (Baumwollspinnereien), die seit den 80er Jahren verfallen, da ca. 70 % des Verkaufserlöses in Insektizide reinvestiert werden müssen. Das nötige Kapital fehlt, und deswegen reduzierte sich die Produktion - zum Wohle der Landschaft - gewaltig.

Chichigalpa

In Chichigalpa, 3 km westlich der Nic 12 auf halbem Weg zwischen León und Chinandega, steht die größte **Zuckerrohrfabrik** Lateinamerikas. In Eichenfässern reift hier aus fermentiertem Most der *Flor der Caña*, ein wahrlich guter Rum!

Die Firma ist im Besitz einer der reichsten Familien des Landes, der Pellas-Gruppe, Nachfahren von italienischen Einwanderern, die es verstanden, sich mit den früher der Privatwirtschaft abgeneigten Sandinisten so zu verständigen, daß sie ihren Betrieb behalten konnten. Die Königspalmenallee mit Blick auf den Vulkan Telica, die auf sämtlichen Flaschen der Marke abgebildet ist, kann man hier entlangfahren.

Chinandega

84.000 Ew., ⇧ 70 m, ➲ Managua 132 km

- 🛏 Hotel Cosigüina, Esquina de los Bancos 1/2 c al Sur, ☎ 341/3636. 12 DZ, DZ mB und AC ca. US$ 30.
- ♦ Hotel Glomar, Costado Sur Este Mercado Central 1 c al Sur, ☎ 341/2562, DZ mB und AC ca. US$ 22, DZ mB ca. US$ 15.

Die Bezirkshauptstadt Chinandega ist für Reisende nur insofern interessant, als es hier die letzten guten Unterkunftsmöglichkeiten des auf Besucher nicht eingestellten Nordwestens gibt.

Corinto

17.000 Ew., ➲ Managua 152 km

- 🛏 ☞ Chinandega!
- ♦ Hotel Central, del Parque 1 c al Sur, ☎ 342/380. Kein Service, aber C$ 180 für ein durchgelegenes Bett...

- ◆ Noch abweisender: Hospedaje Puerto Plata, kein Service, kein Verantwortlicher erreichbar. Ein Gast zeigte mir freundlicherweise sein fensterloses Zimmer mit durchgelegenen Betten und scheußlichem Bad. Das kostet C$ 120.

- ✗ Mehrere einfache Restaurants. Erkundigen Sie sich nach den Preisen, bevor Sie bestellen. Hier ist alles etwas zu teuer!

Vor Corinto teilt sich die Nic 24. Nur Pkw dürfen noch die alte Brücke überqueren, Lastentransport wird nach rechts auf die neue Straße geleitet, parallel zu der ehemaligen Eisenbahnstrecke, die die Hauptstadt mit Corinto verband.

In Corinto, früher der modernste Hafen der Pazifikküste, werden alle Frachtschiffe, die Nicaragua anlaufen, be- und entladen. Heute gilt der Hafen nicht mehr als modernster, dafür aber teuerster Hafen Zentralamerikas. Deswegen laufen zur Zeit nur noch etwa drei Schiffe monatlich ein.

Dem ehemals florierenden Hafenstädtchen sieht man die Verarmung an. Verblichen sind die Farben der hübschen Holzhäuschen, verfallen Verwaltungs- und Lagerhäuser. Der Charme von früher ist nur noch zu ahnen.

Jiquilillo

☞ Auf einer schlechten Straße, die in erster Linie von mit Zuckerrohr beladenen Lastwagen befahren wird, geht es zum beliebtesten Badestrand Chinandegas, Jiquilillo (Nic 12, erste Straßengabelung nach El Viejo, von da 6 km gute Schotterstraße). Beliebt heißt in diesem Fall: Zum Wochenende und an Feiertagen verliert sich hier eine Handvoll Menschen an dem dunklen, einsamen Strand, der übersät ist von Muscheln und rundgeschliffenen Steinen.

Bei klarem Wetter sieht man den mittlerweile friedlichen Vulkan **Cosigüina** (⇧ 807 m), der seinen ehemals um viele hundert Meter höheren Gipfel 1835 beim stärksten bisher registrierten Ausbruch (die Explosion hörte man bis Ecuador) in die Luft jagte.

✗☞ Ein Restaurant gibt es hier **nicht**. Eine sehr einfache Unterkunft gibt es in **Los Zorros**, der Endstation der Busse von Chinandega.

Comunidad Indígena Virgen del Hato

Bevor die Straße in das Gebiet des kopflosen Riesen Cosigüina in einen nur mit Allradantrieb befahrbaren Zustand übergeht, findet sich auf der rechten Straßenseite ein kleiner Hinweis auf die Comunidad Indígena Virgen del Hato. Der Abstecher lohnt sich nicht nur für Anthropologen: Man stößt hier unvermutet auf eine **Indianersiedlung**, wo sich seit Urzeiten nichts verändert zu haben scheint. Hütten, deren Palmblattdächer sich bis zum Boden ziehen, altertümliche Backöfen, Gerätschaften aus Holz, Stein und Keramik. Einzig ein paar Fernsehantennen, an Ästen befestigt, weisen darauf hin, daß man sich nicht in einem Freilichtmuseum befindet.

Die Indianer hüten ihr Heiligtum: die Statue der Jungfrau, die einst auf einem der Felder gefunden wurde und jetzt in einer kleinen Kapelle auf einem kostbaren, mit Blattgold vergoldeten Altar darüber wacht, daß ihre Gemeinde von den Schäden der Zivilisation verschont bleibt.

Von Managua zum Río San Juan

Juigalpa

42.000 Ew., û 117 m, ⊃ Managua 139 km

🛏 Hotel, Restaurant und Discothek (!) La Quinta, ☎ 812/2485, gegenüber vom Hospital Camilo Ortega Saavedra. AC oder Ventilator. DZ mB ca. C$ 150.

♦ Hotel Imperial, ☎ 0812/2294, Ostseite der Kathedrale. DZ oB ca. C$ 50.

✕ Bestes Restaurant im Hotel La Quinta. Deftige Steaks von Brahman-Rindern aus der Gegend, deren Weiden der Urwald weichen mußte.

♦ Restaurante y Discoteca Caracoles Negros. AC, gehobene Preise, gutes Essen.

♦ Einfache Restaurants und Imbißstände.

🚌 Bus von Managua, mehrmals tägl. Abfahrt vom Mercado Iván Montenegro Dauer 3 bis 4 Std. Nach Managua mehrmals tägl.

♦ Nach Rama etwa stündlich ab 4:30. Wenn man das Schiff nach Bluefields noch am gleichen Tag nehmen will (anstrengend!) Abfahrt spätestens 6:30.

♦ Nach San Carlos tägl. mehrmals, 4 bis 5 Std, (überfüllte Busse!). Abenteuerliche Fahrt über schwankende Holzplankenbrücken...

Juigalpa ist Hauptstadt des *Departamento Chontales*. Von Managua ist sie über eine schlechte Straße (Nic 7) mit Bus oder Auto (mit Allradantrieb!) zu erreichen. Das Städtchen liegt auf einem felsigen Hochplateau am Fuße des Höhenzuges **Amerrisque**, der nach Meinung vieler Einheimischer dem ganzen Kontinent seinen Namen gab.

Juigalpa ist Handels- und Verwaltungszentrum für ein ausgedehntes, dünnbesiedeltes Gebiet, dessen Einwohner überwiegend von Landwirtschaft und Viehzucht leben.

Sehenswertes

⌘ Das **Museum** *Gregorio Aguilar Barea* beherbergt eine interessante Sammlung präkolumbischer Keramikfunde und steinerner Statuen.

✳ Im kleinen **Zoo** *Thomas Belt* gibt es Ausstellungen zur heimischen Flora und Fauna.

✳ **Fiesta:** Stierreiten *(corrida)* im April mit Clowns und Volksfest.

Ausflüge

Nordöstlich von Juigalpa in die Goldgräberorte **La Libertad** (Geburtsort der Brüder Ortega, 2000 Ew.) und **Santo Domingo** (4000 Ew.).

Mark Twain, der 1866 von San Juan del Sur nach San Juan del Norte (Greytown) reiste, erwähnte in seinen vielgelesenen Reisenotizen die Goldvorkommen der Gegend. Schon bald eilten auch aus Europa Glücksritter herbei, die ihren Erben jedoch außer französischen oder deutschen Nachnamen kaum etwas hinterließen.

Mittlerweile werden die Minen von der kanadischen Gesellschaft *Greenstone* ausgebeutet, die nach Aussagen der Anwohner den **Río Mico** mit Quecksilberrückständen vergiftet.

Kurz vor Acoyapa verläßt man die Nic 7 und fährt durch die menschenleer anmutende Provinz Chontales nach **San Miguelito**. Von hier aus verkehren Schiffe nach Solentiname.

Solentiname

700 Ew., davon 238 auf der Insel Mancarrón

🚐 Hotel Mancarrón auf der gleichnamigen Insel. ☎/FAX Managua: 2603345, Solentiname: 552/2059. 15 Z, DZ mB oder EZ mB, VP US$ 50. Stromversorgung per Generator 110 Volt. Das Hotel wird von einem nicaraguanisch-deutschen Ehepaar sehr gut geführt und ist landschaftlich wunderbar gelegen. Das Hotel akzeptiert keine Kreditkarten!

♦ Albergue Selentiname, Isla San Fernando, ☎ 2775537. 8 DZ, Vollpension US$ 30. Auch keine Kreditkarten!

▥ Schnitzwerk und naive Malerei im Hotel und direkt bei den Einheimischen. Lebensmittel und Getränke in Kiosken.

Etwa vierzig kleine und kleinste Inseln vulkanischen Ursprungs bilden den **Archipel Solentiname** im Südosten des Nicaragua-Sees.

In Solentiname gibt es weder Kriminalität noch Strom noch Straßen. Mit seiner üppigen tropischen Vegetation, seinen malerischen Sonnenuntergängen, den freundlichen Bewohnern, Holzhäusern auf waldigen Inselchen und von silbrigem Wasser umspülten Ufern bietet es sich seinen Besuchern als Oase des Friedens und der Stille dar.

1966 gründete **Ernesto Cardenal**, Dichter, Priester und zeitweise Kultusminister der sandinistischen Regierung, mit Bauern und Fischern von Solentiname eine Künstlergemeinde. Seitdem fanden die naiven Bilder mit Landschafts- und Tierdarstellungen sowie die Schnitzereien aus bunt bemaltem Balsaholz Liebhaber in aller Welt.

Kunst hat auf den Inseln eine lange Tradition. Verborgen im Erdreich oder von Ranken überwuchert, harren verzierte Keramikgefäße, steinerne

Statuen und Petroglyphen in Felsbrocken noch ihrer Auffindung und Zuordnung.

⌘   Im kleinen **Museum** in den ehemaligen Ateliers der Künstlergemeinde sind eindrucksvolle Funde ausgestellt, die italienische Archäologen von einem indianischen Friedhof der größten Insel, Mancarrón, bargen.

Obwohl noch überall Symbole der sandinistischen Partei FSLN zu sehen sind, an deren Sieg sich so viel Hoffnung knüpfte, gewannen die Neoliberalen 1996 die Wahlen auch in Solentiname.
Der politische Umschwung veränderte das Leben auf den Inseln. Die Künstlergemeinde löste sich auf. Heute schafft und vermarktet jeder auf eigene Faust.

Aktivitäten
Baden im Nicaragua-See, Wandern, Angeln, Vogelbeobachtung, vom Hotel Mancarrón organisierte Inselrundfahrten und Bootsfahrten in den **Naturschutzpark Los Guatuzos** (Vögel, Reptilien und Säugetiere). Ausflüge nach **San Carlos** und **El Castillo**.

☺   Im immergrünen Solentiname regnet es auch in den Sommermonaten gelegentlich. Deswegen empfehlen sich Regenschutz und feste Schuhe.

Anreise von Managua
Der einfachste Weg: Absprache mit dem *Hotel Mancarrón*.
Auf eigene Faust: Flug mit *La Costeña* Managua-San Carlos (z. Zt. Mo, Mi, Fr gegen 9:00 ab Managua, US$ 40, 45 Min.)
Anschließend mit der **Fähre** von San Carlos nach Mancarrón, nur Di und Fr 14:00, C$ 15, 60 Min. Man kann aber auch jederzeit am Hafen von San Carlos ein **Motorboot** mieten (ca. US$ 80).

Mit dem **Bus** von Managua über Juigalpa nach San Miguelito. Täglich mehrmals ab 4:00 am Markt Iván Montenegro, gegenüber von Enigas, ca. 8 Std. Die Fähre von San Miguelito nach Solentiname fährt nach Bedarf, meist mehrmals wöchentlich.

🛏   Übernachtungsmöglichkeit in San Miguelito (4000 Ew.): Hotel Cocibolca, ☎ 552/6107. 11 DZ, Gemeinschaftsbad, C$ 70/Person; gepflegt.

Hotel
Mancarrón

Erholung für Leib und Seele garantiert Ihnen ein Aufenthalt in der paradiesischen Inselwelt von Solentiname mitten im Nicaragua See.

Besuchen Sie uns in unserem Hotel Mancarrón auf der gleichnamigen Hauptinsel!

Es erwarten Sie 15 schön ausgestattete Zimmer mit WC/Dusche und Blick auf den See. Unser Restaurant verwöhnt Sie mit exotischen Fischgerichten und nicaraguanischen Spezialitäten. Sie können am hoteleigenen Strand baden, reiten, mit einheimischen Fischern angeln oder an einer geführten Exkursion in die Welt des tropischen Regenwaldes teilnehmen.

Für Tagungen steht ein kühler Konferenzraum zur Verfügung.

Die Anreise wird auf Wunsch vom Hotel organisiert.

| Einzelzimmer | US Dollar: 70 |
| Doppelzimmer | US Dollar: 100 |

Preise incl. Vollpension
Mehrbettzimmer/Tagungsräume nach Vereinbarung

Hotel Mancarrón
Inh. Immanuel Zerger
Apartado Postal 1388   Tel./Fax: 00505 - 2 - 603345
Managua, Nicaragua   Tel./Fax: 00505 - 552 - 2059

Mit dem **Auto** von Managua über Juigalpa nach San Miguelito (ca. 5 Std.) über eine nur mit Allradfahrzeug im Sommer immer, im Winter manchmal befahrbare, schlechte Straße. Bewachte Unterstellmöglichkeit im *Hotel Cocibolca* am Kai.

Anreise von Granada

Fähre von Granada nach Mancarrón, Abfahrt Spätnachmittag, Ankunft morgens. Voll, preiswert, unbequem, keine Möglichkeit, sich oder wenigstens die Beine auszustrecken!

Eine andere Möglichkeit: **Tragflügelboot** Granada-Mancarrón Sa u. So 8:30, an 13:45, ab Solentiname Sa u. So 14:00, Ankunft Granada 17:00; US$ 16. San Carlos-Solentiname Sa u. So 13:30, an Solentiname 13:45 (US$ 4).

San Carlos

6.750 Ew., ⊃ Managua 300 km

- ⇌ Einzig akzeptables Hotel: Cabinas Leyko, ☎ 283/ 0354, 150 m westlich vom Stadtpark. Sauber, Zimmer ohne Fenster, 13 DZ, DZ mB C$ 120, EZ mB C$ 80, nur Frühstück.
- ♦ Mehrere "ausladende" Hospedajes.
- ✕ Restaurante Kaomar am Centro Comercial San Carlos; gut und preiswert.
- ♦ Restaurante Mirador auf den Ruinen der ehemaligen Festung (sonntags geschlossen!)
- ♦ Imbißstände am Markt.
- 🛦 *La Costeña* von Managua (über Nueva Guinea): Mo u. Mi 7:30, Fr 14:30. Flugdauer ca. 45 Min. Preis einfach US$ 40.
   San Carlos - Managua Mo u. Mi 10:30, Fr 15:30.
- 🚐 Bus von Managua (ca. 10 Stunden, Abfahrt tägl. morgens gegen 4:00 und später am Markt Ivan Montenegro). Nach Managua tägl. mindestens ein Bus.
- 🚐 Mit dem Auto ca. 8 Std. von Managua, Allradantrieb erforderlich! Bewachte Abstellmöglichkeit am Kai.
- ⛴ Von **Granada** im Tragflügelboot, tägl. außer Mi 8:30, an 12:15.
   Ab **San Carlos** tägl. außer Mi 13:30, an Granada 16:30, Preis einfache Fahrt US$ 16. Das Schiff fällt wegen technischer Probleme gelegentlich aus, erkundigen Sie sich vorher unter ☎ 552/4313.
- ♦ Boote nach Los Chiles (Grenzübergang Costa Rica, Reisepaß erforderlich, Grenzöffnungszeit Mo bis Fr 8:00 bis 16:00 - ohne Gewähr!)
- ♦ Nach El Castillo: tägl. um 14:00, ca. 4 Std, ca. C$ 25.
- ♦ Nach Solentiname: Sa u. So 13:30, an 13:45 US$ 4.

Wo sich der Nicaragua-See zum Río San Juan verengt, liegt das Städtchen San Carlos. Im vergangenen Jahrhundert stiegen hier Invasionen von Goldsuchern auf dem Weg nach Kalifornien von Flußschiffen auf die Dampfer der *Vanderbilt's Transit Company* um, war doch der Weg durch Nicaraguas Gewässer kürzer und ungefährlicher als der quer durch die von Indianern verteidigten Gebiete des Wilden Westens.

Mit dem Bau der Eisenbahn in den USA verging der Glanz der Stadt. Der nicaraguanische Journalist Pedro Joaquín Chamorro, heute Tourismusminister, schrieb kürzlich in einem Zeitungsartikel über den Río San Juan: "Die Verwaltungshauptstadt San Carlos ist ein dreckiges, verkommenes Nest, in dem wie in Márquez´ *Macondo* die Zeit stehengeblieben zu sein scheint."

Dem wäre nur noch hinzuzufügen, daß der Hafen Anlegestelle ist für Schiffe von und nach Granada und für private Boote von und nach Solentiname.

Einen Überblick über die geschäftige, verrottete Stadt und die dagegen so rein anmutende Wasserlandschaft hat man von der Terrasse des Restaurants *El Mirador* auf den Ruinen der ehemaligen Festung *San Carlos*. Kanonen erinnern an die Kämpfe, die Engländer und Spanier um die Vorherrschaft im Lande ausfochten.

Río San Juan

Bei San Carlos verengt sich der Nicaragua-See zum Río San Juan, einem bis zu 200 m breiten Fluß, der in Mäandern 200 km bis zum Atlantischen Ozean fließt.

Der Río San Juan ist der geschichts- und hoffnungsträchtigste Fluß Nicaraguas. Die Abenteuer der spanischen Eroberer bei der Suche nach dem Abfluß des "Süßwassermeers" *Lago Nicaragua*, die spätere Bedeutung des Flusses als Wasserstraße für die Ausfuhr von Waren nach Europa, die Gefechte zwischen Spaniern und Piraten, die auf diesem Wege die Städte der Pazifikregion überfielen, die Bedeutung des Flusses als potentieller Kanal zwischen den beiden Ozeanen und als Verkehrsweg zwischen Ost- und Westküste der USA zu Zeiten des Goldrausches in Kalifornien verliehen dem Río San Juan bis zur Mitte des vergangenen Jahrhunderts eine Wichtigkeit, von der man angesichts der Armut der Region heute nichts mehr ahnt.

Auch heute noch ist eine **Flußfahrt** auf dem fast ausschließlich von Einbäumen befahrenen Río San Juan ein Abenteuer, das sich lohnt.

Auf dem kleinen Motorschiff *El Diamante*, das um 14:00 in San Carlos ablegt, drängen sich Menschen und Tiere, stapeln sich Waren und Kraftstofftanks. Einen Sitzplatz auf einer der schmalen hölzernen Bänke ergattern nur Eingeweihte. Fremde verirren sich sowieso nur selten auf den Seelenverkäufer.

Eine fröhliche Köchin hat Bänke mit Töpfen mit dampfendem, duftendem, schwappendem Inhalt belegt: die Bordküche. Kinder schlängeln sich durch das Gedränge und bieten Limonade zum Verkauf. Zwei schmale Herzhäuschen dienen der Entsorgung. Alles, was nicht mehr benötigt wird, fällt in den Fluß.

Die Stimmung an Bord ist fröhlich. Als mir ein halbnackter kleiner Junge in die Reisetasche pinkelt, lächeln die Zuschauer. Hämisch?

Für kleine Unannehmlichkeiten entschädigt der Ausblick auf malerische, ständig sich verändernde Uferkulissen: malerische Holzhäuser, Bäume mit Lousiana-Moos wie mit Greisenbärten behangen, Einbäume, die in der Bugwelle des Schiffs schwanken, auffliegende Reiher und Kormorane, Fischer, die bis zu den Hüften im Wasser stehen, um den begehrten Meerbarsch *(róbalo)* zu angeln, hier und da sanfte Kühe auf saftigen Wiesen.

Grandios wird die Aussicht, als der Sonnenuntergang die gesamte Szenerie in ein Licht taucht, das zu sehen allein schon die Flußfahrt lohnt.

El Castillo

2000 Ew., ⸠ Managua 260 km

🏦   Kreditkarten werden in El Castillo nicht akzeptiert!

🛏   Albergue El Castillo, El Castillo 552/4635 ext.3; ☏ Managua 2678267; am Berg direkt gegenüber der Schiffsanlegestelle. 9 Z, DZ US$ 30 bis 40, EZ US$ 15 bis 20, (Preisnachlaß wird auf Nachfrage evtl. gewährt). Gemeinschaftsbad, Verpflegung möglich. Schöner Holzbau, sauber, Blick über den Fluß.

♦   Hotel Richardson, ☏ 552/6126, 6 Z, DZ mB. US$ 15, EZ US$ 10.

♦   Hospedaje Aurora, am Fluß, 20 Z, C$ 20 pro Bett oB. Einfach und sauber. Die Zimmer des Pfahlbaus liegen direkt über dem Fluß.

♦   Hospedaje El Manantial, 7 DZ, Gemeinschaftsbad, C$ 20 pro Bett. Sehr einfach.

✗   Fischgerichte gut und billig in El Manantial.

♦   Mehrere kleine Restaurants und Imbißbuden.

🚌🚢 Wie nach San Carlos, von da entweder mit dem öffentlichen Schiff (ab San Carlos tägl 14:00, Ankunft 18:00, Abfahrt von El Castillo nach San Carlos tägl. 4:30, C\$ 20, 4 Std.) oder ein Boot in San Carlos chartern (ca. US\$ 100 einfache Fahrt).

Beim Kampf um die von den Spaniern erbaute Festung **El Castillo de la Inmaculada Concepción** (erbaut 1675) verlor der junge Horatio Nelson 1780 ein Auge, gewann aber die Schlacht. Neun Monate später mußten die siegreichen Briten die Festung den Spaniern wieder überlassen. Es fehlte ihnen an Ärzten und Nachschub, da sie sich an gebratene Affen nicht gewöhnen mochten. Von der Festungsruine, die mit spanischer Hilfe vor kurzem wieder teilrestauriert wurde, hat man einen wunderbaren Ausblick auf die eindrucksvollen Stromschnellen des Río San Juan und den hübschen kleinen Ort an seinem Ufer.

Die im Machtkampf zwischen den Kolonialherren strategisch so wichtige Siedlung verlor im 20. Jh. an Bedeutung. Erst in diesem Jahrzehnt wurde sie an Strom- und Telefonnetz angeschlossen. Seither entwickelt sich die autofreie, gepflegte Ortschaft (allen Müll entsorgt der Fluß...) zaghaft zum Ausgangspunkt für Reisen im Gebiet Río San Juan.

🚢 In El Castillo endet der öffentliche Schiffsverkehr. Ab hier bildet der Fluß bis zu seiner Mündung die **Grenze zu Costa Rica**. Einheimische Fischer übernehmen gern Privattransporte im Einbaum oder Motorboot. Preisvergleiche helfen sparen!

Refugio Bartola

🏦 Kreditkarten werden im *Refugio* nicht akzeptiert.

🚌🚢 Wie nach San Carlos oder El Castillo, dann von El Castillo ein Boot chartern (ca. US\$ 30 hin und zurück) oder man läßt sich aus San Carlos vom stationseigenen Schnellboot abholen (US\$ 220 hin und zurück, 1:30 Std. einfache Fahrt).

🛏 ☎ Managua 2897924 o. 2894154; 8 DZ mB, US\$ 40/Person mit VP.

Refugio Bartola, 6 km flußabwärts von El Castillo, ist eine noch weitgehend unbekannte Perle des Abenteuer-Tourismus in Nicaragua. Die **Forschungsstätte mit Beherbergungsbetrieb** im Urwald an der Mündung des Río Bartola lohnt die weite Anreise. Zwar ist es von der Ausstattung her nicht gerade luxuriös, von der Lage aber und von den Möglichkeiten einmalig in Nicaragua.

Das *Refugio* wird geleitet von einem polyglotten (u.a. fließend Deutsch) peruanischen Genetiker und einer nicaraguanischen Biologin. Es liegt an der Grenze des großen **Naturschutzgebietes Reserva de Biósfera Indio-Maíz** mitten im tropischen Regenwald.

Stromversorgung über Solarenergie, Verbindung zur Außenwelt über Funk.

🦋 Fast das ganze Jahr über feucht, also Regenkleidung mitnehmen. Gummistiefel für Durchschnittsfüße verleiht das Hotel.

Aktivitäten

Bootsfahrten und Baden im Río Bartola, Spaziergänge durch das **Naturschutzgebiet Güises Montaña Experimental** (wo es angeblich mehr Orchideen gibt als in ganz Europa), Ausflüge in das Naturschutzgebiet Indio-Maíz, Beobachtung von Affen, Wildschweinen, Krokodilen etc. Besichtigung der Heilpflanzenproduktion mitten im Urwald. Ausflüge nach Greytown und El Castillo.

San Juan del Norte (Greytown)

Früher von strategischer Bedeutung (Zugang zum Río San Juan und damit zur pazifischen Küste Nicaraguas), ist San Juan del Norte heute selbst in Nicaragua so gut wie unbekannt.

Engländer, die kürzlich die Region mit einem regelmäßig verkehrenden Hovercraft-Boot aus der Abgeschiedenheit erlösen wollten, mußten ihr Unternehmen schon nach kurzer Zeit einstellen. Boot oder Besatzung kamen mit dem Fluß nicht zurecht. Man sagt, sie hinterließen ein kleines Hotel in Greytown.

Da die Autorin auf ihrer Reise niemanden traf, der zuverlässige Aussagen über die Existenz der legendären Stadt machen konnte, empfiehlt sie nur Abenteurern die Reise ins Ungewisse.

☺ Angeblich kann man **Boote** in El Castillo mieten, die je nach PS-Zahl 8 Stunden bis 3 Tage brauchen (Preis: ca. US$ 400). Billiger ist die Mitfahrgelegenheit in unregelmäßig verkehrenden Warentransportbooten. Was man unterwegs außer Bananen, Kokosnüssen und Flußwasser braucht, sollte man spätesten in El Castillo besorgen. Danach gibt es lange nichts, was man für Geld kaufen könnte.

Von Managua zum Atlantik

Rama

8.000 Ew., ➲ Managua 290 km

☽☏ Öffentliche Fernsprecher und Post vorhanden.

🏦 Nur Dollars, nur in der BND, Kurs schlecht.

🛏 In Rama sind die Unterkünfte auf Bedarf und Geldbeutel einheimischer Händler und Farmer zugeschnitten und durchweg sehr einfach.

◆ Hospedaje Central, in der Nähe der Endstation der Busse aus Managua. 7 DZ mit Ventilator, DZ oB C$ 50, EZ oB C$ 25. Sauber, freundlich.

◆ Hotel Amy, ein ehemals sehr schöner, jetzt aber windschiefer Holzbau am Flußufer, der aussieht, als würde er gleich umkippen. 10 DZ. DZ oB C$ 25, EZ oB C$ 15.

◆ El Viajero, DZ oB C$ 25, EZ oB C$ 20.

✕ Hafenrestaurant direkt am Schiffsanlegesteg; schöner Blick auf den Fluß.

◆ Verschiedene einfache, preiswerte Restaurants, Comedores und Imbißstände.

🚌 Abfahrt in Managua am Mercado Iván Montenegro (San Miguel) 22:30, 6:00, 7:00, 9:00, Fahrtdauer ca. 9 Std.

◆ Etwas teurer, dafür schneller: *Expreso* (hält unterwegs nicht an), mehrmals tägl. Preis C$ 60.

🚢 Sehr reizvoll ist die Fahrt mit dem Linienschiff auf dem breiten Río Escondido nach Bluefields. Abfahrt Di, Do, Sa, So gegen 11:00. Ticketverkauf 1 Std. vorher am Steg (Muelle). Da das Schiff meist mit Menschen und Lasten voll belegt ist, sollten Sie sich sofort nach Ticketkauf einen Platz reservieren. Fahrtdauer 4 Std., Preis C$ 35. Einfache Verpflegung und Getränke werden auf dem Schiff verkauft.

◆ Man kann auch Motorboote *(pangas)* mieten, die die Strecke sehr viel schneller (1:30 Std.), teurer und lauter zurücklegen (ca. C$ 100/Person).

🚗 Ca. 6 Std. von Managua (Vierradantrieb erforderlich). Bei Weiterfahrt mit dem Schiff kann man den Wagen am Kai von Rama bewacht gegen geringe Gebühr abstellen.

In Rama, wo die Flüsse *Mico*, *Siquia* und *Rama* sich zum *Río Escondido* vereinigen, lebte bis zum 17. Jh. das Volk, dem die Stadt ihren Namen verdankt. Die Indios wurden von Weißen vertrieben, die die Lage der Siedlung am Fluß zum Gütertransport nutzten. Das übriggebliebene Häuflein der Ramas lebt jetzt in *Rama Cay*, einer kleinen Insel in der **Laguna de Bluefields**.

Nach Rama führt eine Straße von Managua aus (Nic 7). Sie ist im Sommer schlecht und im Winter bei starken Regenfällen eventuell gar nicht zu befahren. In Rama endet sie. Weiter nach Osten geht es nur mit dem Schiff.

Ende des vergangenen Jahrhunderts ließ sich eine Kautschuk-Gesellschaft in Rama nieder. Daraufhin erhöhte sich die Einwohnerzahl schnell und kurz darauf erhielt die Siedlung Stadtrechte.

1988, während des verheerenden Hurrikans *Juan*, trat der Rió Escondido 16 Meter über seine Ufer, überschwemmte Straßen und Häuser und zerstörte die Stadt.

Heute ist das ärmlich anmutende Landstädtchen, dem die Schäden der großen Überschwemmung immer noch anzumerken sind, Verkehrsknotenpunkt zwischen Ost- und Westküste und Handelszentrum für die Bewohner der umliegendenden, dünn besiedelten und wenig erschlossenen ländlichen Gebiete.

Ramas Attraktionen sind weniger seine bescheidenen Baulichkeiten als seine schöne Lage am Flußufer und der Reiz der ethnischen Zusammensetzung seiner Bevölkerung. In dem ruhigen Ort, der früher im Ruf stand, Pistolenhelden und Gesetzlosen Zuflucht zu gewähren, trifft man heute neben Indios und Nachkommen von Spaniern und Afrikanern auch Chinesen, die sich als Händler hier niederließen. Aus Läden und Restaurants erklingen neben der einheimischen Musik nicht selten Reggae-Rhythmen.

✱   **Fiesta:** *San Isidro*, 13. bis 17.05.

✱   **Sehenswert** ist der Platz vor der Kirche, wo ein paar zutrauliche Äffchen und Nasenbären sich von Besuchern kraulen lassen. Im Brunnen im Park sonnen sich Wasserschildkröten und Baby-Krokodile. Auch sehenswert der Sonnenuntergang am Fluß. Sonst eigentlich nichts.

Bluefields

30.000 Ew., ⇧ 20 m, ⟳ Managua 380 km

☎❣   Öffentliche Fernsprecher und Post vorhanden.

🏦   Geldumtausch: nur Dollars im Hotel South Atlantic und in der BND, Kurs schlecht.
Scheckkarte: nur im Hotel South Atlantic, bei Nica und Costeña.

🛏   South Atlantic Hotel, ☎ 822/1022, an der Hauptstraße, das beste (und einzige komfortable) Hotel am Platz, AC im Zimmer. 20 DZ, DZ mB US$ 45, EZ mB US$ 26.

◆   Hotel Hollywood, ☎ 822/2282, an der Hauptstraße. 12 DZ, DZ oB C$ 50. Ein Holzbau, dessen Zimmer nur durch Bretterwände getrennt sind; einfach, sauber und von einer sehr freundlichen Besitzerin bewirtschaftet.

- ◆ Hospedaje Marda Maus, ☏ 822/2429, 11 DZ, DZ mB ca. C$ 60. Sauber und freundlich.
- ✕ Restaurante El Flotante, direkt an der Lagune. Terrasse mit Wasserpanorama, ausgezeichnete Meeresfrüchte, samstagsabends Tanz.
- ◆ Sehr gutes Restaurant (mit weniger gutem Service) im Keller vom Hotel Hollywood.
- ◆ Zahlreiche kleine Restaurants und preiswerte *Comedores*.
- ⚐ Flugzeug (Büro von *La Costeña* und *Nica* im *Hotel South Atlantic*)
- ◆ Managua-Bluefields: Mo bis Sa 7:00, 10:00, 14:00, So 7:00 u. 14:00, Dauer: 55 Min.
- ◆ Bluefields-Managua: Mo bis Fr 8:00, 9:30, 11:00.
- ◆ Bluefields-Corn Island: Mo bis Sa ca. 15:00, So ca. 8:00 u. 15:00. Die Maschine kommt, nicht immer pünktlich, aus Managua und macht in Bluefields Zwischenstation. Flugdauer: 30 Min.
- ◆ Bluefields-Puerto Cabezas: Mo, Mi, Fr 14:15, Flugdauer: 45 Min. Reservierungen möglichst mindestens einen Tag vor Abflug. Auch Passagiere auf Warteliste werden meistens mitgenommen, da bei Bedarf zusätzliche Flugzeuge eingesetzt werden.
- ⛟ Taxi zum Flughafen C$ 5/Person
- ⛴ Schiff nach Rama: Di, Do, Sa, So 5:00, Mo, Mi, Fr 6:30. Fahrtdauer: 6 Std., Preis C$ 30.
- ◆ Schiff nach Corn Island: tägl. (nur bei gutem Wetter!) 9:00, Fahrtdauer: 4 Std., Preis C$ 35.

Am Ufer der großen **Lagune von Bluefields**, in die der Río Escondido seine Wasser führt, liegt die Hauptstadt der südlichen Atlantikregion, R.A.A.S.

Als älteste Stadt des Gebiets verdankt sie Existenz und Namen dem holländischen Piratenkapitän *Bleeveld*, der ab 1602 mit seinen Freibeutern die spanische Handelsflotte das Fürchten lehrte. In der Lagune von Bluefields hatte er seine Zuflucht.

Bluefields ist multiethnisch, multisprachlich und multikulturell. Mit dem pazifischen Nicaragua hat es wenig gemein. Anfang des 17.Jhs. begannen englische Händler und Piraten, die Küste zu besiedeln. Bluefields entwickelte sich zur wichtigsten Stadt und wurde 1790 Hauptstadt der Moskitia. Damals bestand die Bevölkerung aus afrikanischen Sklaven, Engländern, Amerikanern und Franzosen, die das Wesen der Siedlung prägten.

Erst in den fünziger Jahren dieses Jahrhunderts fanden auch Bewohner der Pazifikregion den Weg nach Osten: Landlose Kleinbauern, vom Baumwollboom von ihren Ländereien vertrieben, ließen sich in und um Bluefields nieder. Heute noch ist dieses Gebiet das einzige, wo herrenloses Land Neusiedlern zur Verfügung steht.

Das Städtchen hat eher das Flair einer karibischen Insel als einer zentralamerikanischen Hafenstadt. Miskitos, Garífunas, Zambos, Asiaten, Mestizen und Weiße leben hier in buntem Gemisch miteinander.

Der Einfluß der Engländer, der ehemaligen, selbsternannten "Schutzmacht" des Gebiets, macht sich noch in englischen Ortsbezeichnungen und in der Sprache bemerkbar. Viele Bewohner Bluefields sprechen neben Englisch und Spanisch auch Miskito.

Die meisten *Bluefileños* (und fast alle Bewohner der Atlantikregion) sind Protestanten, seit die Moravische Kirche 1848 ihre Missionsarbeit in der Region aufnahm. Eine schlichte, strahlend weiße Kirche an der Hauptstraße legt Zeugnis ab von ihrem Wirken.

Die Häuser von Bluefields sind überwiegend farbenfroh gestrichene, karibische Holzbauten, die nach dem verheerenden Hurrikan 1988 von ihren Besitzern oft nur provisorisch wieder aufgebaut wurden.

✿ In dieser Gegend muß man täglich das ganze Jahr über mit kurzen, heftigen Güssen rechnen. Im Jahr fallen bis zu 4.000 mm Niederschlag; regenreichster Monat ist der Juli.

✳ **Fiesta:** Im Mai tanzt Bluefields. Um den ursprünglich aus England eingeführten Maibaum *(Palo de Mayo)* führen die Kariben zu mitreißenden Rhythmen Fruchtbarkeitstänze auf, deren einladende Bewegungen auch die sittenstrengen Missionare der moravischen Kirche trotz 150jährigen Wirkens nicht unterbinden konnten.

Ausflüge

Die Lagune von Bluefields ist malerisch, die Sonnenuntergänge sind traumhaft. Baden sollten Sie hier jedoch nicht, denn alle Abwässer der Stadt "entsorgt" die Lagune.

Von Bluefields aus kann man herrliche Ausflüge in die vom Tourismus unberührte umliegende Wasser- und Insellandschaft machen. Organisieren muß man seine Fahrten allerdings selbst. In Ihrer Unterkunft wird man Ihnen gerne behilflich sein. (Man spricht Englisch!) Sie können mit einem der großen Motorschiffe mitfahren, die Lasten und Passagiere in die Umgebung transportieren, oder sich (sehr viel teurer) ein kleines Motorboot mieten, das Sie ans Ziel ihrer Wünsche bringt.

Flußfahrt auf dem Río Escondido

Der Río Escondido ist die am meisten befahrene Wasserstraße des Landes und die wichtigste Verkehrsverbindung zwischen Bluefields und

Rama. Auf einer Länge von 88 km fließt er in unzähligen Windungen, in denen sich früher die Piratenschiffe vor ihren Verfolgern verbargen, durch die einstmals dicht bewaldete Ebene und erreicht teilweise bis zu 1000 m Breite.

Die Flußlandschaft mit ihren teilweise von Mangroven gesäumten Ufern ist von Wasservögeln und Schildkröten bevölkert. Urwald sucht man hier vergebens. Was die Holzfäller stehenließen, fällte der Hurrikan *Juan*, dem allein am Flußlauf des Escondido mehr als 500.000 ha Wald zum Opfer fielen.

☺   Transport: entweder mit dem Linienschiff nach Rama (dreimal die Woche) oder Boot mieten (Auskunft in Ihrem Hotel).

Laguna de Perlas

5.200 Ew., ⇧ 3 m, ➲ Managua 475 km

🖙   Es gibt in Laguna de Perlas eine bescheidene, saubere und freundlich geführte Hospedaje namens Ingrid. Preis DZ ca. C$ 30.

✗   Mit Proviant sollte man sich vorher versorgen. In der Unterkunft oder auf dem Schiff kann man erfragen, wer Besucher freundlicherweise am Familientisch mit Meeresfrüchten und Fisch versorgt.

🛥   Lastschiffe mehrmals wöchentlich von Bluefields, oder Boot mieten. Rückfahrt vereinbaren!

Laguna de Perlas, dessen ausländische Besucher man noch an den Fingern einer Hand abzählen kann, war von 1824-42 Residenzstadt des Königs der Moskitia. Königliche Ratgeber und später Farmer gründeten an den Ufern kleine Niederlassungen wie **Tasbapauni**, **Orinoco** und **Marshall Point**, deren Einwohner heute bescheiden von Landwirtschaft zur Selbstversorgung leben.

In Laguna de Perlas gibt es weder Strom noch Straßen noch Telefon, dafür Flüsse, Lagunen, Strände und Urwälder, wo sogar noch Edelhölzer wie Mahagoni wachsen.

El Bluff

Pangas (Motorboote für etwa 10 Passagiere) fahren alle 20 Minuten zum Hafen El Bluff auf der anderen Seite der Lagune, wo eine US-amerikanische Krabbenfischerflotte stationiert ist, deren schneeweiße, moderne Schiffe einen vielsagenden Kontrast zu den ärmlichen Hütten der Inselbewohner bilden.

Ursprünglich sollte El Bluff als Hafen auch für große Handelsschiffe ausgebaut werden. Der Hurrikan zerstörte jedoch die ersten Bauarbeiten und damit vorerst jede weitere Initiative.

Rama Cay

Ein Inselchen in der Lagune von Bluefields, wo die letzten Vertreter der früher so großen Ethnie der Ramas wohnen.

Corn Island

4900 Ew., ➲ Bluefields 68 km

☽☿ Sind noch nicht nach Corn Island vorgedrungen.
🏦 Geldumtausch: offiziell keiner. Evtl. findet sich Ihr Wirt dazu bereit.
Scheckkarte: Wird mangels Möglichkeit zu telefonischer Nachfrage nicht akzeptiert.

🛏 Zur Osterzeit kann es passieren, daß die Hotels der Insel ausgebucht sind. Sonst finden Sie leicht eine Unterkunft.
♦ Bay Side Hotel, direkt an einem kleinen Strand. Seine Hauptattraktion, ein Restaurant-Pavillon im Wasser, wurde vom letzten Hurrikan im Oktober 1996 zerstört. 20 DZ, AC, DZ mB US$ 60.
♦ Den gleichen Komfort (bis auf die AC) bietet sehr viel preiswerter das Hotel Panorama an der Westküste, 50 m vom Strand entfernt. Sauber und sehr freundlich geführt. 10 DZ, DZ mB US$ 25, EZ mB US$ 17.
♦ Beach View Hotel, am Strand zwischen Bay Side und Panorama Hotel. 15 DZ mB und oB, DZ mB ca. US$ 20. Das Hotel ist kurz vor der Fertigstellung; herrlicher Seeblick.

In Flughafen-, "City"- und Disco-Nähe:
♦ Ruppie Guest House, 6 DZ, Dz mB C$ 120. Sehr sauber; Verpflegung im angeschlossenen Schnellimbiß (oder auch nicht...)
♦ Hotel Angela, 5 DZ, DZ oB C$ 100, EZ oB C$ 70.
♦ Hotel Casablanca, Treffpunkt für Backpacker. DZ oB C$ 120.

✕ Sehr gut und nicht billig: Red Lobster Restaurant, direkt am Flughafen (auch chinesische Küche).
♦ Viele einfache Restaurants und Comedores an der Hauptstraße.

✈ Flug (Büro von La Costeña am Flughafen):
♦ Managua-Corn Island direkt: Mo bis Sa 6:30, Ankunft 7:50.
♦ Managua-Corn Island über Bluefields: Mo bis Sa 14:00, Ankunft 15:45, So 7:00 u. 14:00. Einfacher Flug C$ 530, H+R C$ 980.
♦ Corn Island-Managua: tägl. 8:30 u. 15:30.
⛴ Von Bluefields (nur bei ruhigem Meer) tägl. 9:00 Uhr, Dauer 4 Std., Preis C$ 35.

Corn Island (**Little** und **Great Corn Island**, meist der Einfachheit nur Corn Island genannt) oder **Islas del Maíz** sind zwei kleine Inseln vulkanischen Ursprungs. Ihre herrlichen, weißen Sandstrände werden von kristallklarem, grünem Wasser umspült. Korallenriffe schützen die Strände (bis auf den östlichen) vor Wellen und stürmischen Winden und bieten Tauchern und Schnorchlern ein großartiges Revier.

Als die Europäer kamen, war Corn Island von *Sumus* besiedelt. Das friedliche Völkchen wurde von Engländern und Miskitos versklavt und reduziert. 1757 lebten auf den Inseln nur 66 Menschen, heute teilen sich 540 Einwohner einen Quadratkilometer. Damit gilt Corn Island als dicht besiedelt.

Die Bewohner Corn Islands, hochgewachsene braun-schwarze Nachfahren afrikanischer Sklaven oder *Zambos*, leben seit Beginn der siebziger Jahre vom Langustenfischen. Der Export der Krustentiere bringt Nicaragua jährlich viele Millionen Dollar ein. Den Fischern selbst weniger. So ist von Wohlstand auf den Inseln wenig zu bemerken. Die improvisierten Häuser sind windschief, farbenfroh gestrichen und stehen da, wo es ihren Besitzern gefällt, die meisten an der einzigen, nicht befestigten Straße, die rund um die Insel führt. Eine Handvoll Was-Jeeps erfüllt trotz ihres ramponierten Aussehens ihre Funktion als Inseltaxis.

Die Stimmung auf der Insel ist karibisch, das heißt lässig, freundlich und unbekümmert. Wer hier nicht relaxen kann, kann es nirgends.

Strände in Great Corn Island

❦ **Long Bay** an der Ostküste, der größte und wildeste, weil von Korallenriffen nicht geschützte Strand.

❦ **Picnic Beach** an der Südwestseite, ein Traumstrand mit klarem, (meist) ruhigem, sauberem Wasser (auch für Kinder geeignet).

❦ Zahllose kleine Strände voller exotischer Muscheln und Seeschneckenhäuser an der Westküste.

☺ Tip für Taucher: In nur 20 m Tiefe liegt unweit der Küste das Wrack einer spanischen Galone. Ihre Tauchausrüstung müssen Sie allerdings selbst mitbringen.

Ausflug

♿❦ **Little Corn Island** liegt 13 km nordöstlich von der größeren Insel und besteht aus 3,5 km² wasserumspülten Landes. Bisher hat sich nur eine Handvoll Insulaner hier niedergelassen. Aber irgendwann kommt der Tourismus bestimmt, denn Little Corn Island ist ein Paradies für Unterwassersportler und Badefreuden aller Art. Ein Boot kann man sich über die Gastgeber vermitteln lassen. Der Tagesausflug kostet (pro Boot) ca. US$ 100.

Auf Little Corn Island gibt es eine sehr einfache, preiswerte Unterkunft: *Green Iguana*. Besitzer ist ein Amerikaner.

Die nördliche Atlantikküste

Von Helmut Balzersen

Die geringe Besiedlungsdichte dieser großen Region bedeutet nicht, daß dort absolute Leere herrscht und es sich nicht lohnen würde, hier einen Besuch zu machen. Es ist nur ein bißchen schwieriger - und reizvoller -, von der Regionalhauptstadt Puerto Cabezas aus gezielte Ausflüge zu unternehmen, da der Tourismus hier bis heute fast keine Rolle spielt.

Die Landschaft wird von lichten Pinienwäldern und Sümpfen beherrscht, an den Flüssen von dichter Dschungelvegetation. Nicht alle Orte sind über Straßen zugänglich, manche nur zu Fuß oder mit dem Einbaum und einheimischen Führern zu erreichen. An der Küste liegen die Orte an Lagunen, die für ihren Fischreichtum bekannt sind. Dies ist ein Paradies für Angler und Naturliebhaber.

Obwohl Miskito die Hauptsprache ist, kann man sich auch mit Spanisch verständigen.

Puerto Cabezas

Ca. 30.000 Ew., auf Meereshöhe, ➲ Managua 560 km

BANK   Geldwechsel (bei der BND) und Telcor an der Hauptstraße.

🛏   Cayos Miskitos, ca. 10 DZ, US$ 12, mit KlimaanlageUS$ 25, direkt am Meer 200m östl. des Parque Central. Zu empfehlen, da in der Nacht ruhig. Die Besitzer Jentschke sind hilfsbereit.

♦   Hospedaje Viajante, DZ US$ 10. Gegenüber der Diskotheka Zaire, etwas laut.

✗   El Dragon Chino, gegenüber Disko Jumbo; schnelles, ordentliches Essen.
♦   Restaurante Atlantico, in der Nähe des Marktes, das Beste in Puerto.

✈   Anreise mit *Costeña* zweimal täglich von Managua aus; mit Lastwagen von Managua aus schwierig.

Die alte Miskitohauptstadt liegt direkt am Meer. Die Einwohner sind zum größten Teil Miskitos oder Schwarze. Neben dem Spanischen wird hier in der Stadt auch Englisch gesprochen, allerdings in einer Version, die keine Rücksicht auf irgendeine Grammatik nimmt.

Der Markt mit den anschließenden Straßen ist tagsüber die belebteste Gegend. Hier können alle Erzeugnisse der Region von Bananen bis hin zu handgearbeiteten Einbäumen erworben werden. Nachts ist der Platz zwischen dem Videokino und den Diskotheken der Ort, wo das Leben tobt. Sehr zu empfehlen ist der Besuch eines Basketballspieles in der großen Halle 100 m weiter, wo manchmal zu lauter Reggaemusik

Turniere ausgetragen werden, bevor es in die Diskothek geht, wobei das *Jumbo* wegen der Klimaanlage zu empfehlen ist.

Zur Zeit sind die meisten *Cheles* Angehörige von Hilfsorganisationen, Touristen sind noch sehr selten. Aber trotzdem ist es möglich, von Puerto aus die Region kennenzulernen, da die Menschen sehr hilfsbereit sind.

Ausflüge

☞ Man kann in Puerto Cabezas ohne Probleme baden gehen, lediglich im südlichen Teil des Viertels El Muelle sollte man wegen der Abwässer das Baden vermeiden.

✱ Ein schöner Ausflug ist eine Fahrt mit dem regelmäßig vom Markt aus verkehrenden Pickup zu dem kleinen Örtchen **Lamlaya**. Von dort aus kann man mit dem Kanu (unregelmäßiger Verkehr) über die Lagunen und einen Fluß nach **Wawa** direkt an der Mündung des Rio Wawa fahren. Von dort kann man in 4 bis 5 Stunden am Strand zurück nach Puerto gehen (auf die Gezeiten achten!) Eventuell muß in Wawa bei einer freundlichen Familie übernachtet werden. Von daher sollte man Moskitonetz und Verpflegung - auch ein wenig für die Gastfamilie - mitnehmen.

Bismuna

1.200 Ew., ⇧ 2 m, ➲ Puerto Cabezas ca. 4 Stunden

🛏 Indiohütte mit Palmdach, Unterkunft mit VP US$ 25. Näheres und ausführlicher Prospekt bei "Von Küste zu Küste" e.V.: ☞ Literatur: Adressen.

🚐 Von Puerto in Richtung Norden mit dem Pickup oder Laster mehrmals wöchentlich, allerdings nicht zu festen Zeiten. Fahrzeiten im Hotel Cayos Miskitos erfragen!

Das malerische Dorf liegt an einem kleinen Flußlauf mit Trinkwasserqualität, der dann in eine riesige Lagune führt, die direkt mit dem Meer verbunden ist. In diesem Dorf ist seit einigen Jahren die Organisation "Von Küste zu Küste - Solidarität mit der Atlantikküste Nicaraguas e.V." tätig, die hier im Rahmen ihrer Arbeit mit den "Cabañas Bismuna" Unterkünfte bereithält.

Von hier sind viele betreute **Ausflüge** in die nähere Umgebung und zu anderen Dörfern möglich. Zu empfehlen ist auf jeden Fall ein Ausflug auf die Lagune, wo das Abendbrot geangelt werden kann (☞ Foto gegenüber). Auch Rochen können hier gefangen werden.

Ein Tapo aus der Laguna Bismuna (hb) ☞

Auf der Rückfahrt von der Lagune können Austern gesammelt werden, die man dann auf der Terrasse der Küche mit frischem Limonensaft schlürft. Dazu mundet eine frische Kokosnuß hervorragend.

Bei einem Ausflug an die unberührte Küste können Muscheln gesammelt werden, und es wird am Strand auf einem Lagerfeuer das Indianergericht *rondon* gekocht, während die Waschbären versuchen, etwas vom Proviant zu stehlen.

Auch eine Fahrt über den Ozean mit dem Einbaum zum nördlichsten Dorf **Cabo Gracias a Díos** ist zu empfehlen.

Von Managua nach Honduras

Vorbei an den wenigen Industrieniederlassungen und dem Flughafen führt die CA 1, die *Panamericana*, von Managua nach Norden. Die "Traumstraße der Welt" ist asphaltiert und in gutem Zustand.

🚌 Busse befahren die Strecke nach **Estelí** oder **Matagalpa** tagsüber alle 30 Minuten. Abfahrt am Mercado Roberto Huembes (Central).

Hacienda San Jacinto

Bei km 39 der Panamericana (ausgeschildert) zweigt nach rechts eine kleine Straße zur Hacienda San Jacinto ab.

Hier fand am 16.09.1856 eine Schlacht zwischen dem US-amerikanischen Eindringling William Walker samt Söldnern und nationalen Truppen unter General Estrada statt. Ein Denkmal erinnert an den jungen Andrés Castro, der Walkers Truppen in Ermangelung anderer Waffen mit Steinwürfen bekämpfte.

Ciudad Darío

8700 Ew., ⇧ 432 m, ➲ Managua 90 km

Ciudad Darío liegt nahe der Panamericana an der Nebenstrecke über Las Calabazas und hieß bis 1920 **Metapa**. Ihren gegenwärtigen Namen trägt die Stadt zu Ehren des Begründers des Modernismus und "Fürsten des spanischsprachigen Geisteslebens" **Rubén Darío**, der am 18.01.1867 hier geboren wurde und mit seinen Gedichten Weltruhm erlangte. Alljährlich finden zu seinem Gedenken ab 18. Januar für etwa 14 Tage Dichterlesungen statt, an denen sich gestandene und werdende Poeten und Autoren aus ganz Mittelamerika beteiligen.

⌘ Das **Geburtshaus des Dichters**, der in Nicaragua sehr verehrt wird, existiert noch unverändert und ist heute als kleines Museum zugänglich.

Im Gebiet von Ciudad Darío, dessen Bevölkerung heute noch hauptsächlich von der Landwirtschaft lebt (Rote Bohnen, Mais, Hirse), gründeten die spanischen Eroberer die ersten großen Haciendas des Landes.

Sébaco

11.700 Ew., ⇧ 469 m, ➲ Managua 110.km

Trotz seiner Höhenlage ist Sébaco einer der wärmsten Orte des Landes. Im April können die Temperaturen bis 40 °C steigen.

Der Name Sébaco leitet sich ab aus den *Nahuatl*-Wörtern *cihua* und *coatl*, "Weib" und "Schlange", eine Gottheit der Azteken, die heute noch in den Legenden fortlebt. Aus Zeugnissen spanischer Chronisten geht hervor, daß Sébaco früher ein religiöses Zentrum war, bewohnt von aus Mexiko eingewanderten Indios, die sich 1693 zum letzten Mal in einem blutigen Aufstand gegen die spanischen Eroberer erhoben.

Heute ist Sébaco ein Marktstädtchen an der Straßengabelung nach Estelí und Matagalpa (km 105) und auf Tourismus nur insofern eingestellt, als sich hier die Reisenden am Straßenrand mit unverfälschter nationaler Küche versorgen können.

Matagalpa

49.000 Ew., ⇧ 681 m, ➲ Managua 130 km

- 🛏 Hotel Ideal, von der Kathedrale 2 c. nach Norden, 1 c. nach Westen, ☎ 612/3313, 612/2483, 30 DZ mB u. oB, DZ ca. US$ 20, bewachter Parkplatz.
- ♦ Hotel Soza, ☎ 612 3030. Einfach, sauber. DZ mB ca. US$ 8.
- ♦ Besonderer Tip: Hotel Montaña de Selva Negra (siehe Selva Negra).
- ✗ Restaurants in den Hotels, zusätzlich der Hühnergrill La Posada wo es auch Fleisch gibt, 1/2 c. westl. vom Parque Darío.
- 🚌 Der Busbahnhof ist in Matagalpa am Markt, ca. 8 c. westlich vom Parque Rubén Darío. Busse nach Estelí und Jinotega fahren etwa halbstündlich.

Von Sébaco zweigt die Nic 3 von der Panamericana nach Matagalpa ab. Wegen seiner malerischen Lage in einer Senke am Ufer des *Río Grande de Matagalpa*, umgeben von hohen Bergen, wird Matagalpa seit Ende des letzten Jahrhunderts auch die "Perle des Nordens" genannt.

Nicht zuletzt wegen ihres frühlingshaften Klimas (zwischen 19 °C und 24 °C) zog die Gegend um Matagalpa seit 1890 deutsche Auswanderer an, die hier Kaffeeplantagen anlegten. Heute leben hier etwa 2000 - teilweise deutschstämmige - Kaffeeproduzenten, die den hochwertigsten Kaffee des Landes anbauen und exportieren.

Auf der Straße nach Puerto Cabezas (hb)

Typisches Haus an der Atlantikküste (hb)

Erst um 1700 wurde die Gegend von Spaniern in Besitz genommen. Bis dahin wohnten hier *Chorotegas*, auf deren Existenz noch zahlreiche *Nahuatl*-Ortsbezeichnungen schließen lassen. Nach Berichten spanischer Chronisten waren die Indios von Matagalpa die kriegerischsten des Landes. 1871 erhoben sie sich zum letzten Mal gegen die Kolonisatoren.

In Matagalpa stand die Wiege von **Carlos Fonseca Amador**, der als Mitbegründer der Sandinistischen Befreiungsfront (FSLN) den Kampf gegen die Unterdrückung fortführte.

⌘   Östlich des Parque Darío steht noch sein **Geburtshaus**, heute ein kleines Museum. Den Schlüssel kann man in der Stadtverwaltung *(Alcaldía)* erbitten.

Von dieser Stadt, die auch heute noch als rebellisches Zentrum des geistigen Lebens in Nicaragua gilt, ging 1978 im September die Schlußoffensive der Sandinisten gegen die Somoza-Diktatur aus. Bei den blutigen Kämpfen wurde der Stadtkern zerstört.

Unbeschädigt blieb die im Jahre 1874 begonnene **Kathedrale**, die erst 1897 beendet wurde.

Sehenswert ist vor allem die Landschaft der Region, mit ihren teilweise noch dicht bewaldeten, hohen Bergen. Außerdem gibt es im Tal **Apalali** an der Paßstraße nach Jinotega Felsbrocken, in die **Petroglyphen** (Felsritzungen) eingemeißelt wurden.

Selva Negra

Am km 139,5 der Carretera Matagalpa-Jinotega (Nic 3), zweigt auf 1200 m Höhe an einem Panzerwrack rechter Hand der Weg zum *Hotel Montaña de Selva Negra* ab. *Montaña de Selva Negra* ist ein Kuriosum im Nebelwald. Die deutschstämmigen Besitzer Eddy und Mausi (so nennt sie sich wirklich) Kühl haben hier mittem im Wald 22 Backsteinhäuschen gebaut, die auch süddeutsche Waldbauern beherbergen könnten, wären sie nicht von Farnen, Orchideen und allerlei üppig blühenden Ranken beinahe zugewachsen.

Wilde Fleißige Lieschen überwuchern die schmalen Wege zwischen den Häusern, Moose gedeihen auf den Ziegeldächern, Brüllaffen kommen bis vor die Tür, und einmal wurde im Morgengrauen gar ein Jaguar auf einer Terrasse gesichtet - und von dem Gast für ein Haustier gehalten.

Zentrum der allemal sehenswerten Anlage ist das Restaurant an einem kleinen See, wo Enten und Gänse dümpeln. Das (einheimische) Bier trinkt man hier aus Maßkrügen, die Speisekarte ist bis auf Würstchen und Sauerkraut recht nicaraguanisch. Im Wald an den Ufern sieht man über die Kaffeetasse hinweg (Selva Negra produziert den Spitzenkaffee des Landes) die schönsten Vögel des Regenwaldes. Rund um den See und in die Berge führen Pfade durch den Urwald. Falls sie Ihnen zu schlammig sind (Nachteil des Regenwaldes…) können Sie auch ein Pferd mieten.

Im Speisesaal grüßen lebensgroße Porträts der deutschen Einwanderer, die um 1890 in der Umgebung mit dem Kaffeeanbau begannen, und abends setzt sich, wenn Sie ihn darum bitten, Don Eddy gerne mit ihnen zusammen und erzählt aus der Gründerzeit oder von seiner großen Kaffeefinca, die er, für Nicaragua beispielhaft, soweit wie möglich ökologisch bewirtschaftet.

☺ Nehmen Sie sich Pullover (Durchschnittstemperatur 18 °C), Regenjacke, feste Schuhe und eine Hose zum Wechseln mit. Außerdem rate ich Ihnen, sich die Füße und deren Bekleidung bis in Knöchelhöhe mit Autan o.ä. zu imprägnieren, da hier wie fast überall auf dem Lande außer den Mücken auch die *Coloradillas* lauern, eine Art Grasmilben, die hartnäckige Bisse hinterlassen.

🖝 Unterkunft: Die Häuschen mit einem, zwei oder drei Zimmern muten von außen heimeliger an, als sie von innen tatsächlich sind, aber der ständigen Feuchtigkeit ist wohl weder Sperrholz noch Wandfarbe gewachsen… Bei den gebirgig hohen Preisen für eine Übernachtung (US$ 40 im DZ, US$ 75 im Bungalow) sollte das Geld für ein paar Verschönerungsmaßnahmen eigentlich drin sein… Billiger schläft man in der Jugendherberge auf dem Gelände (sehr einfacher Sammelschlafraum, US$ 10). ☎ 2658342 Managua, 6123883 Matagalpa.

Jinotega

41.000 Ew., ⇧ 1000 m, ↝ Managua 160 km

🖝 Hotel El Colmenar, del Banco Mercantil 1 1/2 c. al Este, ☎ 632 2017. Ein kleines, gepflegtes, komfortables Hotel im Besitz eines Schweizers. 3 sehr gut ausgestattete Doppel- oder Mehrbettzimmer mB, DZ US$ 20 bis 25.

✗ Restaurante La Colmena im Hotel.
Mehrere einfache Restaurants.

Die asphaltierte Nic 3 windet sich, von Schlaglöchern teilweise schwer beschädigt, durch herrliche Pinien- und Laubwälder auf 1600 m Höhe.

🏠 Immer wieder lädt die großartige Aussicht auf Täler und Gipfel zum Anhalten ein. An bescheidenen Ständen können Sie sich mit Obst und Pflanzen der Region versorgen.

Wo es wieder bergab geht, haben Sie einen schönen Blick ins Tal auf Jinotega, im Volksmund auch die "Stadt des Nebels" genannt. Die Stadt selbst ist als Handels- und Verwaltungszentrum in erster Linie für die Einheimischen interessant. Sehenswert der etwa 5 km im Norden Jinotegas gelegene **Lago de Apanas**, ein Stausee, der zahlreichen Wasservögeln eine Heimat bietet. Die Ufer sind allerdings nur schwer zugänglich und von einem Bad muß, zumindest in der Nähe der Abwassereinleitung von Jinotega, abgeraten werden.

Von Jinotega führt über La Concordia eine Schotterpiste nach Estelí (➲ ca. 45 km, anstrengend zu fahren).

Bequemer und schneller ist die Fahrt zurück nach Sébaco und von dort aus auf der CA 1 weiter Richtung Norden. Die Landschaft ändert sich, sobald Sie die Straßengabelung erreicht haben. Rechts und links der *Panamericana* erstrecken sich Reisfelder und vor Ihnen erheben sich die hohen Bergmassive der **Meseta de Estelí** (bis ca. 1500 Höhe), die leider fast überall bis zum Gipfel abgeholzt wurden.

Salto La Estanzuela

Im Süden Estelís liegt direkt an der CA 1 das große neue Hospital. Kurz davor zweigt links eine Staubstraße (Allradantrieb!) zum Salto de la Estanzuela ab (ca. 5 km entfernt), einem **Wasserfall**, der, wenn es genug geregnet hat, also etwa von Mai bis Januar, über 25 m in die Tiefe stürzt. Gegen Ende der Trockenzeit tröpfelt er nur. In dem großen, von Bäumen beschatteten Wasserbecken kann man baden, duschen und, besonders in der Trockenzeit, seltene exotische Vögel wie *Trogone* beobachten, die ihren Durst am Fluß stillen.

Der **Weg** zum Wasserfall ist nicht ausgeschildert. Halten Sie sich auf der Staubstraße rechts, bis es steil bergab geht. Am Fuß des Abhangs stehen auf der rechten Seite zwei Häuschen, dazwischen ist ein offenes Gatter. Von hier aus zu Fuß etwa 15 Minuten bergab, dann hören Sie ihn rauschen.

Baseballstadion im Miskitodorf Bismuna (hb)

Haupthäuser der Cabañas Bismuna (hb)

✌️ Achtung Autofahrer: Bitten Sie die freundlichen Hausbewohner, auf Ihr Auto aufzupassen. Schon oft wurde aus Autos gestohlen.

Estelí

65.000 Ew., ⇧ 844 m, ➲ Managua 150 km

🛏️   Hotel Panorama, von Süden kommend vor Estelí auf der linken Seite der CA 1, ☎ 7133147, FAX 7132386. Groß, modern, gepflegt, nüchtern. Warmwasser (wenn es denn überhaupt fließt) und bewachter Parkplatz. EZ C$ 150, DZ C$ 200.

♦   Fast identisch: Panorama II, de Enitel 75 v. al Oeste (Stadtzentrum), ☎ 7135023.

♦   Hotel El Mesón, de la Catedral 1 c. al Norte, ☎ 7132655. Familiäres Ambiente, professionell, mit eigenem Wassertank, bewachtem Parkplatz, Reisebüro nebenan. Und: Man wechselt Travellerschecks (gegen Gebühr). Nachteil: Die Zimmer gehen teilweise zur Straße. EZ mB US$ 12, DZ mB US$ 14.

♦   Hotel Nicarao, del Parque Central 1 1/2 c. al Sur, Av. Bolívar, ☎ 7132490. Die Zimmer sind um den hübschen Patio angelegt und herrlich ruhig. Sehr freundliche Betreuung; einfache, zweckmäßig ausgestattete Zimmer. DZ mB C$ 92, EZ mB C$ 57.

♦   Hotel Miraflor, del costado NE del Parque Central 25 v. al Norte, ☎ 7132003. Sauber, sehr einfach, Disco gleich nebenan (nur am Wochenende in Betrieb). EZ mB C$ 35, DZ mB C$ 60. Kein Restaurationsbetrieb.

✗   Die übliche Speisekarte in den ersten Hotels; außerdem einfache Restaurants rund um den Parque Central.

🛍️   Einkaufen: zünftige Cowboystiefel, spitz mit Absatz, in Geschäften an der Av. Bolívar.

🚌   Am Busbahnhof (Südende der Av. Bolívar) fahren mehrmals täglich Busse nach Somoto, Ocotal, León und auch in die kleinen Ortschaften der Provinz.

Der Name der Stadt am gleichnamigen Fluß bedeutet: *Fluß des Obsidians*. Tatsächlich findet man heute noch im Fluß, der sich sein Bett durch Felsen grub, Halbedelsteine wie Jaspis, Opal und Achat.

Die Bewohner Estelís leben von Handel und Landwirtschaft, d.h. hier vor allem vom Tabak, der in der Gegend angebaut wird.

Ins Stadtzentrum biegt man von der CA 1 links ab (neue Einfahrt wird ausgebaut). An der Hauptstraße der Stadt liegen im Zentrum Hotels und Geschäfte. Banken und Post findet man in der ersten westlichen Parallelstraße.

Sehenswertes

✳ Die *Galería de los Héroes y Mártires*, in der *Casa de la Cultura*, gegenüber der Feuerwehr *(Bomberos)*. Das kleine Museum zum Gedenken an die jungen Menschen, die im Kampf gegen die Diktatur oder bei Bombardements auf Estelí ihr Leben ließen, wird von deren Müttern und Verwandten betreut. Fotos, Kleidungsstücke und Waffen erinnern an die Märtyrer, ein Gästebuch enthält aufschlußreiche Kommentare von Sympathisanten aus aller Welt.

◆ Täglich tagsüber geöffnet; Spende willkommen.

✳ Die **Zigarrenmanufakturen** im Stadtzentrum und am km 147 der Panamericana. Hier können Sie zusehen, wie geschickte Hände aus welken braunen Blättern die zweitbesten (die besten, sagen Experten, kommen aus Cuba) Zigarren der Welt herstellen. Die Füllung wächst in Estelí, die feinen Deckblätter werden aus Indonesien importiert.

In Estelí hapert es sowohl mit der Strom- als auch mit der Wasserversorgung. Beides fällt gelegentlich ganztags aus. Bitten Sie Ihre Gastgeber um einen Eimer Wasser *(cubo de agua)* und duschen Sie wie die Mehrzahl der Einheimischen: mit einem Schüsselchen *(panita)*.

Zwischen km 158 und 159 der CA 1 zweigt links eine Staubstraße nach **San Juan de Limay** ab. Durch eine einsame Gegend, wo kaum ein Auto verkehrt, fährt man ca. 1:30 Std. Der Ort ist in Nicaragua für seine Speckstein-*(marmolina)*Skulpturen berühmt, die auch im Kunsthandel in Managua verkauft werden. Hier kann man in kleinsten Handwerksbetrieben zusehen, wie die Steine Gestalt annehmen.

Von San Juan de Limay führt die Straße über **El Bosque** (Fundstätte von Fossilien urzeitlicher Elefanten und Faultiere) und **Pueblo Nuevo** (an der Plaza eine Eisdiele mit gutem Eis!) durch eine sehr einsame, aber landschaftlich lohnende Gegend (ca. 1:30 Std.)

☺ Mehrere Flußdurchfahrten sind in der Trockenzeit harmlos, in der Regenzeit nicht. Erkundigen Sie sich vorher in Estelí oder in San Juan de Limay.

Tanken! Benzin gibt es unterwegs nicht!

Nördlich von Condega mündet die Straße wieder auf die CA 1. Diese führt über **Condega** (8.000 Ew., ⇧ 561 m, ➲ Managua 170 km) weiter nach Norden.

⌘ Die Attraktion des kleinen Städtchens ist sein **Museum**, wo archäologische Fundstücke aus der Gegend ausgestellt sind (Keramik, Begräbnisurnen, Pfeilspitzen etc.) und die **Instrumenten-Fabrik** im gleichen Haus. Geschickte Instrumentenbauer setzen Saiteninstrumente von der Gitarre bis zum mächtigen Guitarrón zusammen und lassen sich dabei gerne zusehen.

◆ Mo bis Fr ☐ 8:00 bis 17:00.

Kurz hinter **Yalaguina** gabelt sich die Straße. Sie haben zwei Möglichkeiten, nach **Honduras** weiterzureisen. Die CA 1 führt über Somoto (➲ Estelí 68 km) nach **El Espino** und von da ins südöstliche Honduras, die Nic 15 führt über Ocotal (➲ Estelí 78 km) auf dem kürzeren Weg nach **Tegucigalpa**.

☺ Teilen Sie sich die Zeit möglichst so ein, daß Sie zwischen 8:00 und 12:00 oder zwischen 13:00 und 16:00 an der Grenze eintreffen. Offiziell sind die Grenzen bis 17:00 durchgehend geöffnet, tatsächlich stehen Sie eventuell in der Mittagspause oder wenn der Feierabend früher beginnt vor heruntergelassenen Schranken. Die Erledigung der Grenzformalitäten braucht Zeit. Gegen ein Trinkgeld nehmen Ihnen routinierte Jungs einen Teil der notwendigen Gänge ab.

↩✗ Falls Sie es nicht rechtzeitig geschafft haben: Sowohl in **Somoto** als auch in **Ocotal** gibt es einfache Unterkünfte und Restaurants.

Von Managua nach Costa Rica

Die *Panamericana* - CA 2, wie ihr südlicher Teil in Nicaragua heißt - führt aus Managua als *Carretera Sur* bergauf in die merklich kühlere Berglandschaft von **El Crucero**.

🏠 Von **Las Nubes** (an der Hauptstraße kurz vor El Crucero nach links abbiegen, ausgeschildert) hat man bei klarem Wetter einen schönen Blick auf Managua.

Wegen des angenehmen Höhenklimas bauten hier früher Kaffeepflanzer ihre Villen. Seit die Schwefelgase aus dem **Vulkan Masaya** Anfang des Jahrhunderts die landwirtschaftliche Nutzung auf der Höhe zum Erliegen brachten, ist El Crucero gerade bei Nebel ein eher gespenstisch anmutender Ort der Ruinen und der bitteren Armut.

Hinter El Crucero öffnet sich die Aussicht über die hügelige Landschaft bis zum silbrig schimmernden Wasser des Pazifik. Die CA 2 führt von hier aus schnurgerade bergab bis **Las Esquinas**, einer Straßenkreuzung 37 km von Managua (Polizeikontrollpunkt, Abzweigung nach San Marcos).

Geradeaus geht es weiter nach **Diriamba** (20.000 Ew., ➲ Managua 42 km, Abzweigung nach La Boquita und Casares), einem stillen Landstädtchen, das nur anläßlich seines Patronatsfestes vom 10. bis 30. Januar zu erwachen scheint. Tausende von Gläubigen huldigen dann dem Heiligen Sebastian mit Prozessionen und Tänzen in prächtigen traditionellen Kostümen, die allein das Ereignis schon sehenswert machen.

Jinotepe (ca. 23.000 Ew.) liegt, umgeben von Kaffee- und Obstplantagen, 5 km östlich von Diriamba. In dem Städtchen gibt es seit 1996 ein von der **University of Mobile** betriebenes Hotel, das Hotelfachleute ausbildet. Entsprechend zuvorkommend wird man bedient. Die Küche ist perfekt.

🛏 Hotel Jinotepe, del Enitel 1 c al Norte, 1 c al Este, ☎ 4122026, FAX 4123512. 40 DZ, DZ mB u. AC US$ 43, EZ US$ 37. Bewachter Parkplatz.

Nach Jinotepe senkt sich die Straße in eine Ebene der Zuckerrohrfelder und Südfrüchte. Plantagen von Mangos, Papayas, Bananen und Grenadillas säumen die Straße und lenken den Blick von den zahlreicher werdenden Schlaglöchern ab. Durch den tropischen Trockenwald bei

Nandaime geht es Richung Rivas. Links sieht man den perfekten Kegel des **Vulkans Concepción** und das **Massiv des Madera** auf Ometepe im Nicaragua-See.

Rivas

22.000 Ew., ⮌ Managua 111 km, Grenze nach Costa Rica 32 km

🛏 Hotel Cacique Nicarao, im Stadtzentrum, neben dem Kino *(Cínema)*, ☎ 4633234. 18 DZ, DZ mB US$ 20.
♦ Hospedaje Lidia, Barrio Santa Ana, de la Texaco 1/2 c al Oeste, ☎ 4633477. DZ oB US$ 4. Sauber, freundlich.

✕ Los Limonarios an der Süd-Ostecke des Parque Central.
♦ Mehrere einfache Restaurants.

🚌 Busse nach:
♦ San Jorge (Abfahrt der Schiffe nach Ometepe) tagsüber alle 30 Min. Abfahrt an der Shelltankstelle an der CA 2.
♦ Managua, Granada mehrmals tägl., Abfahrt in der Nähe des Parque Central. Fahrzeit Managua 3 Std., Fahrzeit Granada ca. 1:30 Std.
♦ Sapoa/Peñas Blancas (Grenze Costa Rica) tagsüber alle 45 Min, Fahrzeit ca. 1:30 Std. Abfahrt am Markt im Norden der Stadt.
♦ San Juan del Sur, tagsüber stündlich, Fahrzeit 1 Std.

Die schmale Landenge von Rivas durchfuhren Mitte des vergangenen Jahrhunderts Kutschen, die tausende von nordamerikanischen Goldsuchern vom Nicaragua-See zum Pazifik transportierten. An seiner engsten Stelle mißt er nur 18 km und war deswegen bei der Planung des Verbindungskanals zwischen den beiden Ozeanen als mögliche Durchbruchstelle vorgesehen.

In Rivas, der Stadt der Mangos, geht es bei der *Esso*-Tankstelle (gegenüber die Tanks von Tropigas) nach **San Jorge** (Abfahrt der Schiffe nach ☞ Ometepe). Rechts sieht man ein abscheuliches Betonkreuz *(Cruz de España)* an der Stelle, wo der spanische Eroberer *Gonzáles Dávila* Verhandlungen mit dem Indianerhäuptling *Nicarao* führte, deren Ergebnis eine Massentaufe von mehr als 9000 Indianern war.

⌘ Genaueres darüber erfährt man auch im **Museo Antropológico** von Rivas, de Telcor 2 c al Norte, in einer alten Hacienda. Sehenswert ist die Ausstellung der Keramik von *Nahuas* und *Chorotegas* und der (ausgestopften) heimischen Fauna. Im Museum kann man eine Kutsche für eine Stadtrundfahrt mieten.

♦ Mo bis Fr 🕐 8:30 bis 17:00, Sa 8:30 bis 12:00. ☎ 4633663.

11 km südlich von Rivas biegt von der CA 2 die Nic 16 (asphaltiert) zum schönsten Badeort am Pazifik, **San Juan del Sur**, ab (➲ 18 km).

San Juan del Sur

4.985 Ew, ➲ Managua 141 km

🛏 Hotel Barlovento, oberhalb des Ortes auf einem Hügel, ☎ 4582298 oder 4582374. 21 DZ mB und AC, C$ 250, EZ C$ 200. Im Hotel gibt es zur Zeit keinen Restaurationsbetrieb und auch sonst wirkt es eher vernachlässigt.

◆ Casa Internacional Joxi (amerikanischer Geschäftsführer). ☎ 4582348, 8 DZ mB, EZ US$ 16, DZ US$ 27. Sauber, reichliches Frühstück.

◆ Hotel Estrella, ☎ 4582210. 12 Mehrbettzimmer oB, C$ 40/Person. Kein Restaurationsbetrieb. Das originellste Hotel am Platz. Ein siebzigjähriges Holzhaus; die Zimmerwände sind nach oben offen.

◆ Hotel Lago Azul außerhalb des Ortes am nördlichen Teil des Strandes, 5 DZ mB, ca. C$ 50/ Person. Einfach, aber direkt am Strand ruhig gelegen, gute Küche. Aufgang zu den Zimmern nur von trittsicheren Sportlern zu bewältigen.

✕ Mehrere Fischrestaurants direkt am Strand oder im Ort.

◆ Tip: Restaurante Las Lugo, vom Telcor-Gebäude die nächste Querstraße nach Westen, ☎ 4582380. Fisch und Meeresfrüchte vom Besten!

🚌 Stündlich von und nach Rivas, dreimal täglich nach Managua.

An einer geschützten, hufeisenförmigen Bucht liegt das malerische Hafenstädtchen mit seinen holprigen Gassen, seinen bunten, mit roten Zinkdächern gedeckten Häusern und den kleinen Restaurants am Strand.

☞ San Juan del Sur hat das Flair eines spanischen Küstenidylls vor der teutonischen Eroberung. Noch verunstaltet kein massiger Hotelbau das Panorama, die Strandgäste verlieren sich in der großen Bucht (außer zu Ostern und in der Weihnachtszeit, wenn am Strand viel los ist).

▣ Den schönsten (Foto-)Blick hat man vom Parkplatz des Hotels *Barlovento* auf dem Hügel über der Stadt. Mit viel Phantasie erkennt man in der Klippe, die nördlich die Bucht begrenzt, das Profil eines alten Indianers, der seinen unergründlichen Blick aufs Meer richtet. Von hier aus oder auch von einem der kleinen Restaurants am Meer kann man unvergeßliche Sonnenuntergänge genießen.

San Juan del Sur ist *der* Badeort für Einheimische und in letzter Zeit auch zunehmend für ausländische (zumeist Rucksack-) Touristen. Unter

Kinder in Nicaragua (vs)

Holzhäuser am Río San Juan (vs)

der Woche trifft man am Strand aber vor allem Fischer und Hafenarbeiter, die gelegentlich eintreffende Frachtschiffe an den Docks entladen.

14 wunderschöne Buchten mit hellen Sandstränden wechseln nördlich und südlich von San Juan del Sur mit Felsmassiven und Klippen ab. Fast jede Bucht hat ihre Besonderheit, und alle sind nur zu Fuß oder mit Fahrzeugen mit Allradantrieb zu erreichen.

❦   **Playa El Coco:** Hier bietet angeblich Satan persönlich Nachtschwärmern den sagenhaften Schatz an, den Piratenkapitän Morgan hier vor 300 Jahren vergraben haben soll.

❦   Einsam: **Playa La Flor**, ein **Naturschutzgebiet** von 80 ha, 21 km vom Ort in südlicher Richtung, mit einem 1,5 km langen weißen Sandstrand, wo von Oktober bis Dezember 20.000 Wasserschildkröten *(Lepidochelys olivacea)* ihre Eier legen und im Sand vergraben. Unter der Aufsicht von Soldaten, die das Naturschutzgebiet bewachen (Schildkröteneier sind ein beliebter Leckerbissen in Mittelamerika) kann man zusehen. Sieben Wochen später schlüpfen, belauert von Geiern und Fregattvögeln, winzige schwarzgraue Schildkrötchen und suchen sich den Weg ins Wasser.

☺   Am Strand gibt es eine biologische Forschungsstation, die Forschern auch Unterkunft anbietet.

Am Strand gibt es *keine* Restaurationsbetriebe!

Aktivitäten

⚓   **Segelturns:** Yacht *Pelican Eyes* (max. 10 Passagiere), Tagesausflüge nach La Flor, US$ 4O/Person. Gelegenheit zum Hochseeangeln, Picknick am Strand. Information bei: Chris Berry, ☎ 4582110, FAX 4582344.

Yacht *Yvette* (max. 6 Passagiere), Tagespreis für die Yacht US$ 150, ebenfalls Gelegenheit zum Hochseeangeln. Kapitän ist der Deutsche Andreas Seeger, ☎ 4682104.

✱   **Schildkrötenbeobachtung:** *Playa La Flor* (nur mit allradgetriebenem Fahrzeug zu erreichen).

Literatur

Bücher

- Meschkat, Klaus (Hrsg.), *Mosquitia - Die andere Hälfte Nicaraguas - Über Geschichte und Gegenwart der Atlantikküste*, Junius Verlag, Hamburg, 1987, 317 S.

- Niess, Frank, *Das Erbe der Conquista*, Geschichte Nicaraguas, Pahl-Rugenstein. Mit knapp 500 S., davon über 50 S. Fußnoten, das ausführlichste Buch über die Geschichte Nicaraguas.

- Galeano, Eduardo, Bücher über die Kolonisation und die 500jährige Geschichte Lateinamerikas:
  Die offenen Adern Lateinamerikas - Die Geschichte eines Kontinents, und:
  Erinnerungen an das Feuer, beide Hammer Verlag, Wuppertal.

- Von Küste zu Küste e.V. (Hrsg.), *Die Atlantikküste Nicaraguas - ein Lesebuch*, 80 S. Verschiedene Texte zu Geschichte und heutiger Situation der Atlantikküste.

- Schmidt, Veronika, *Spanisch für Nicaragua*, Peter Rump Verlag.

- Schmidt, Veronika, *Gespenstergeschichten aus Lateinamerika*, Fischer Taschenbuch Verlag.

- Cardenal, Ernesto, viele verschiedene Bücher. Auf jeden Fall bekanntestes Werk: *Das Evangelium der Bauern von Solentiname*, Hammer Verlag, Wuppertal.
  1980 wurde Cardenal der erste Kultusminister seines Landes.

- Belli, Gioconda (bekannteste Dichterin Nicaraguas):
  Tochter des Vulkans
  Die bewohnte Frau
  Waslala
  Alle im Hammer Verlag, Wuppertal erschienen

- Skármeta, Antonio, *Der Aufstand*. Eine fesselnde, sehr realistische Geschichte über den Aufstand in Léon 1979, der mit zum Ende der Diktatur beitrug.

Zeitschriften

- *Minen retten Dschungel*, abenteuer und reisen 10/94. Beschreibung einer Flußfahrt.
- *Friedhof der Götter*, tours 4/95.
- *Ein Augenblick Freiheit*, GEO 11/84. Artikel über die politische Entwicklung in Nicaragua.
- *Im Schatten des Krieges*, GEO 5/88. Managua.

Honduras

Jinotega

Estelí

Matagalpa

Chinandega

Ciudad Dario

León

*Lago de Managua
(Lago Xolotlan)*

Nindirí

Juigalpa

Managua

Masaya

Granada

*Lago de Nicara
(Lago Cocibolc*

Moyogalpa

San Jorge

Ometepe

Rivas

Pazifik

San Juan
del Sur

0   100 km

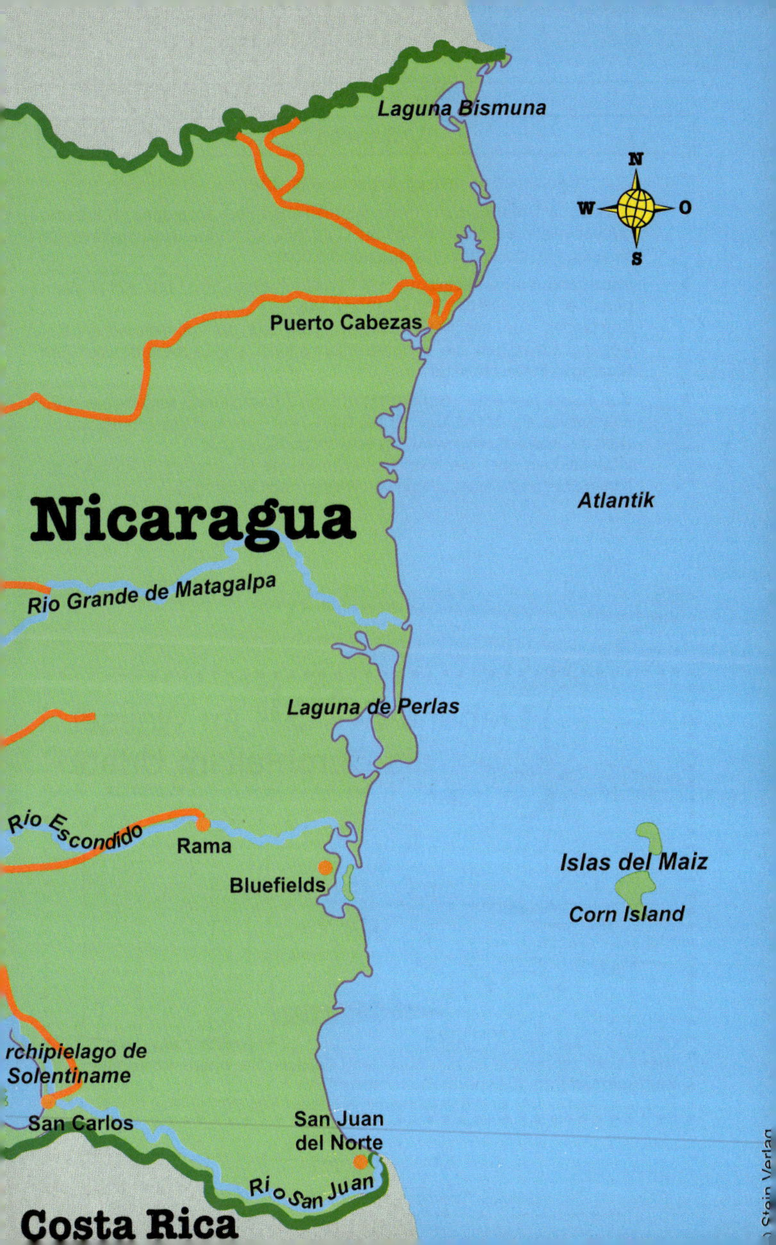
Laguna Bismuna
N
W
O
S
Puerto Cabezas
Nicaragua
Atlantik
Rio Grande de Matagalpa
Laguna de Perlas
Rio Escondido
Rama
Bluefields
Islas del Maiz
Corn Island
rchipielago de
Solentiname
San Carlos
San Juan
del Norte
Rio San Juan
Costa Rica
Stein Verlag

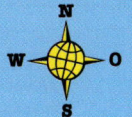

Adressen

Weitere Informationen erhält man bei folgenden Adressen:

♦ **Nicaragua Online**. Ausführliche Informationen über Nicaragua im Internet mit Verweisen auf aktuelle Tips bei Guía facil, dem Veranstaltungskalender Nicaraguas: http://www.nicaragua-online.com

♦ **Informationsbüro Nicaragua e.V.**, Friedrich-Ebert-Str. 141b, 42117 Wuppertal, ☎ 0202-300 030, FAX 0202-314 346.
Entstanden aus der Solidaritätsbewegung mit der sandinistischen Bewegung sozusagen die zentrale Informations- und Auskunftsstelle über Nicaragua in Deutschland.

♦ **Von Küste zu Küste - Solidarität mit der Atlantikküste Nicaraguas e.V.**, Kirchenweg 40, 24143 Kiel, ☎ FAX 0431-74916, e-mail: balzersen@bits-at-work.de, Internet: http:\\www.bits-at-work.de/nicaragua/
Informationen über die nördliche Atlantikküste Nicaraguas, auch Informationen über und Veranstaltung von Reisen nach Nicaragua.

Index

Lieber Leser, liebe Leserin,

wir vom Conrad Stein Verlag möchten Sie näher kennenlernen, damit wir unsere Bücher noch weiter verbessern und uns auf Ihre Bedürfnisse und Wünsche einstellen können. Bitte helfen Sie uns dabei und beantworten Sie die folgenden Fragen.

❶ *Wie alt sind Sie?* ☐ unter 20 ☐ zwischen 21 und 29 ☐ zwischen 30 und 39 ☐ über 40

❷ *Reisen Sie meist* ☐ allein ☐ zu zweit ☐ mit der Familie ☐ als Gruppe?

❸ *Mit welchen unserer ReiseHandbücher sind Sie gereist?* (Titel, Aufl., Jahr steht auf Seite 2 des Buches)
1. .... 2. .... 3. ....

❹ *Waren Sie zufrieden mit dem Buch/den Büchern?* ☐ ja ☐ so lala ☐ nein

❺ *Wie fanden Sie*

	sehr gut	gut	ausreichend	nicht gut
Aufbau und Übersichtlichkeit	☐	☐	☐	☐
Aktualität Adressen, Preise, ☎ FAX	☐	☐	☐	☐
Kapitel Land & Leute	☐	☐	☐	☐
Kapitel Reise-Infos von A bis Z	☐	☐	☐	☐
Kapitel Sehenswertes	☐	☐	☐	☐
Kapitel Routenbeschreibungen	☐	☐	☐	☐
Lexikon/Glossar	☐	☐	☐	☐
Inhaltsverzeichnis und Index	☐	☐	☐	☐
Abbildungen	☐	☐	☐	☐
Karten/Pläne	☐	☐	☐	☐
Schriftgröße	☐	☐	☐	☐
Piktogramme/Symbole	☐	☐	☐	☐
Kalender/Maßstabsleiste	☐	☐	☐	☐
Anzeigen	☐	☐	☐	☐
Buchformat und -gewicht	☐	☐	☐	☐
Verarbeitung, Bindung	☐	☐	☐	☐
Preis-Leistungs-Verhältnis	☐	☐	☐	☐

b.w.

✂

❻ *Wie reisen Sie im Land selbst?* (Mehrfachnennung möglich)
☐ Eigenes Auto ☐ Leihwagen ☐ Wohnmobil ☐ Bahn ☐ Bus ☐ Fahrrad
☐ Flugzeug ☐ Trampen ☐ Motorrad ☐ Kanu ☐ Wandern

❼ *Wie übernachten Sie hauptsächlich?* (Mehrfachnennung möglich)
☐ Hotel/Motel ☐ Campingplatz ☐ Jugendherberge/Backpacker
☐ Bed & Breakfast / Pension ☐ Wildcampen ☐ Apartment

❽ *Würden Sie wieder eines unserer Bücher kaufen?* ☐ ja ☐ nein

❾ *Kennen Sie unsere OutdoorHandbücher?* ☐ ja
Wie gefallen Sie Ihnen? ☐ sehr gut ☐ gut ☐ nicht so gut ☐ nein

❿ *Welches Thema vermissen Sie bei den OutdoorHandbüchern?*
Welches Land/Gebiet/Insel vermissen Sie bei den ReiseHandbüchern?
Wenn Sie zusätzlich Kritik oder Lob loswerden wollen, legen Sie bitte ein extra Blatt bei. Danke.
....

☺ Als Dankeschön für's Mitmachen verlosen wir zum Ende jeden Jahres (unter Ausschluß des Rechtsweges)
unter allen Einsendern 20 wertvolle Preise.

1. Preis: ein Tagesrucksack   **2. Preis**: ein Fernglas 8x40   **3. bis 5. Preis**: je ein Kompaß
6. bis 20. Preis: je eines unserer ReiseHandbücher nach Ihrer Wahl.
(Wenn Sie eines unserer Bücher gewinnen, welches wünschen Sie sich? ....)
Wichtig! Nur ausreichend frankierte Einsendungen nehmen an der Verlosung teil. Bitte vergessen Sie Ihren
Absender nicht.

Name: ....

Straße: .... PLZ/Ort: ....

☞ Kreuzen Sie bitte an, ob wir Ihnen unseren Verlagsprospekt zusenden sollen   ☐ ja   ☐ nein

Äthiopien / Dippelreither (III/98)	DM 29,80
Alaska / Richter	DM 29,80
Antarktis / Walther (I/98)	DM 49,80
Argentinien-Handbuch / Junghans	DM 34,80
Auf nach Down Under / Sackstedt (edition schwarzweiß)	DM 14,80
Australien-Handbuch / Stein	DM 44,80
Bangladesch / Steinke (edition schwarzweiß)	DM 29,80
Bulgarien / Müller	DM 24,80
Dänemarks Norden / Treß & Walter	DM 29,80
Dänische Westküste / Treß	DM 24,80
El Salvador & Honduras / Steinke	DM 34,80
Eritrea / Christmann	DM 24,80
Florida / Stein	DM 24,80
Fuerteventura / Reifenberger	DM 26,80
Gomera-Handbuch / Reifenberger - Cabildo Insular	DM 29,80
Gotland / Bohn	DM 24,80
Die Kirchen Gotlands / Lagerlöf & Svahnström	DM 24,80
Gran Canaria-Handbuch / Reifenberger	DM 29,80
Grönland / Köppchen & Hartwig	DM 26,80
Holland / Wetters	DM 29,80
Iran / Berger	DM 36,80
Irland / Elvert	DM 26,80
Island-Handbuch / Richter	DM 34,80
Islands Geologie / Hug-Fleck (edition schwarzweiß)	DM 14,80
Israel / Kautz & Winter	DM 26,80
Jemen / Kabasci	DM 26,80
Jordanien / Kleuser & Röhl	DM 24,80
Kaliningrader Gebiet / Junger & Müller	DM 26,80
Kanada - Alaska Highways / Richter	DM 29,80
Kanadas Westen / Stein	DM 36,80
Kanalinseln / Ferner	DM 29,80
Kanarische Inseln / Ferner	DM 29,80
Kiel / Hackländer (II/98)	DM 19,80
Komoren / Westenberger	DM 24,80
Kurs Nord / Umbreit	DM 49,80
Lanzarote / Reifenberger	DM 26,80
Libanon / Röhl & Rosebrock	DM 24,80
Libyen / Steinke	DM 34,80

REISE ☞ HANDBÜCHER

... überall im Buchhandel

Lofoten und Vesterålen / Knoche	DM 24,80
Madeira & Azoren / Jessel & von Bremen	DM 34,80
Malawi / Hülsböhmer	DM 24,80
Mauritius / Ellis	DM 26,80
Mexikos Süden, Belize & Guatemala / Fründt & Muxfeldt	DM 36,80
Namibia & Botswana / G. & H. Lamping	DM 29,80
Nicaragua / Schmidt	DM 24,80
Neuseeland-Handbuch / Stein	DM 36,80
Ontario mit Montréal und Québec / Stein	DM 29,80
Osterinsel / Hellmich	DM 22,00
Phuket & Ko Samui / Bolik & Jantawat-Bolik	DM 29,80
Polen / K. & A. Micklitza	DM 26,80
Reisen mit dem Hund / Treß	DM 24,80
Rocky Mountains Nationalparks / Patton	DM 39,80
Rumänien / Müller	DM 26,80
Schottland / Ferner	DM 29,80
Schweiz / Kürschner	DM 36,80
Sibirien / Zöllner	DM 36,80
Slowakei / K. & A. Micklitza	DM 26,80
Spitzbergen-Handbuch / Umbreit	DM 39,80
Sri Lanka / Müller-Wöbcke	DM 26,80
Sudan / Benjak & Enders (edition schwarzweiß)	DM 16,80
Südafrika / G. Lamping	DM 29,80
Südschweden mit Öland / Sachtleben, Boll	DM 29,80
Syrien / Schönmann	DM 36,80
Tansania & Sansibar / Dippelreither	DM 36,80
Tausend Tips für Trotter, Tramper, Traveller	DM 22,00
Teneriffa / Reifenberger	DM 29,80
Thailand / Bolik & Jantawat-Bolik	DM 29,80
Touren in Schlesien / K. & A. Micklitza	DM 24,80
Travel Planet / Schramm (I/98)	DM 29,80
Tschechien - Tschechische Republik /K. & A. Micklitza	DM 29,80
Uganda / Lübbert	DM 29,80
USA - Nordwesten / Richter	DM 34,80
USA - Südwesten / Richter	DM 39,80
Venezuela auf eigene Faust / Travelot	DM 26,80
Vereinigte Arabische Emirate / Röhl	DM 22,00
Zimbabwe / Zuchan	DM 26,80
Zwischen Sydney und Melbourne / Hamm & Abenath	DM 26,80

Informationen aus erster Hand

OUTDOOR 👉 HANDBÜCHER

Basiswissen für Draußen

Band		DM	Band		DM
1	Rafting	12,80	16	Sex- Vorbereitung · Technik · Varianten	12,80
2	Mountainbiking	12,80	20	Wüsten-Survival	14,80
3	Knoten	12,80	21	Angeln	14,80
4	Karte Kompaß GPS	14,80	22	Leben in der Wildnis	14,80
5	Eßbare Wildpflanzen	12,80	24	Ratgeber rund ums Wohnmobil	14,80
6	Skiwandern	12,80	25	Wale beobachten	14,80
7	Wildniswandern	12,80	30	Spuren & Fährten	14,80
8	Kochen	12,80	31	Canyoning	14,80
9	Bergwandern	12,80	34	Radwandern	14,80
10	Solo im Kanu	12,80	35	Mushing - Hundeschlittenfahren	14,80
11	Kanuwandern	14,80	36	Gesund unterwegs	12,80
12	Fotografieren	12,80	39	Erste Hilfe	14,80
13	Wetter	12,80	45	Solotrekking	14,80
14	Allein im Wald - Survival für Kinder	12,80	48	Für Frauen	12,80
15	Wandern mit Kind zu Fuß · per Rad · mit Kanu	12,80	58	Fahrtensegeln	14,80

Der Weg ist das Ziel

17	Schweden: Sarek	24,80	44	Tansania: Kilimanjaro	24,80
18	Schweden: Kungsleden	22,00	49	USA: Grand Canyon Trails	22,00
19	Kanada: Yukon	22,00	50	Kanada: Banff & Yoho Nationalpark-Tageswanderungen	22,00
23	Spanien: Jakobsweg	24,80			
26	West Highland Way (Schottland)	22,00	51	Tasmanien: Overland Track	22,00
27	John Muir Trail (USA)	22,00	52	Neuseeland: Fiordland	22,00
28	Landmannalaugar (Island)	22,00	53	Irland: Shannon-Erne (II/98)	22,00
29	West Coast Trail (Kanada)	22,00	54	Südafrika: Drakensberge	22,00
32	Radtouren in Masuren (Polen)	24,80	55	Spanien: Pyrenäenweg GR11 (I/98)	22,00
33	Trans-Alatau (GUS)	22,00	56	Polen: Drawa (II/98)	22,00
37	Kanada: Bowron Lakes	22,00	57	Kanada: Great Divide Trails (II/98)	22,00
38	Polen: Kanutouren in Masuren	24,80	59	Kanada: Wood Buffalo NP (II/98)	22,00
40	Trans-Korsika - GR 20 (I/98)	24,80	60	Kanada: Chilkoot Trail (II/98)	22,00
41	Norwegen: Hardangervidda (II/98)	22,00	61	Kanada: Rocky Mountains - Radtouren (II/98)	22,00
42	Nepal: Annapurna	22,00			
43	Schottland: Whisky Trail - Speyside Way	14,80	62	Irland: Kerry Way (II/98)	22,00
			63	Schweden: Dalsland-Kanal (II/98)	22,00

Fernwehschmöker

46	Blockhüttentagebuch	24,80	47	Floßfahrt nach Alaska	22,00

☺ *Weitere Bände in Vorbereitung. Fordern Sie unseren aktuellen Verlagsprospekt an.*

... überall im Buchhandel